中國國家地理

〔全新黃金典藏版〕

華北
華東

前言
FOREWORD

　　數萬年的滄海桑田譜寫出中華大地壯美的地理詩篇；數千年的繁衍生息激蕩出華夏文明恢弘的歷史圖卷。

　　冰雪長白山冷峻孤傲，卻以雄渾、博大的胸懷撫慰著世代的文明與哀愁；靈秀的西子湖嬌媚柔美，卻承載著水鄉兒女亙古的夢想與期盼。赤焰如火的塔克拉瑪干沙漠染紅天際，勾勒出無法逾越的生命禁區；古色古香的吊腳樓臨水而立，默默守候著鳳凰古城的絕世風華。三亞海濱遙處海南島最南端，椰林樹影、碧海藍天，宛若夢幻中的天堂……

　　本套書——《中國國家地理》（全新黃金典藏版）將中國分為華北、華東、東北、西北、中南、西南、港澳七大部分，內容涵蓋行政區劃、人口、民族、歷史文化、地貌、氣候、經濟和旅遊地理等各個層面。近2000幅精美絕倫的圖片和靈動流暢的文字相輔相成，將中國地理的秀美與壯闊濃縮到極至。這是一套傳遞地理哲學、追求科學精神的書，一套獻給熱愛生活、喜歡地理的讀者的普及讀物，也是一套講述自然和人文故事的圖書。由衷希望此書可以使每一位讀者打開心窗，感受陽光下的另一番天地，體味一份純粹與閱讀有關的樂趣。

目錄
CONTENTS

華北

北京　　　　　　　10

行政區劃　　　　　10
東城區／西城區／海淀區

人口、民族　　　　11

歷史文化　　　　　12
周口店北京人／關漢卿／
老舍／北京四合院／北京
的胡同

地貌　　　　　　　16
東靈山／龍慶峽

水系　　　　　　　17
密雲水庫／永定河

氣候　　　　　　　18

自然資源　　　　　18
月季／勺雞／遺鷗

經濟　　　　　　　20
農業／工業／交通

旅遊地理　　　　　21
故宮／天壇／雍和宮／古
觀象台／圓明園／盧溝
橋／香山／八達嶺長城／
十三陵／臥佛寺／潭柘寺

頤和園　　　　　　28

天津　　　　　　　30

行政區劃　　　　　30
和平區／南開區／濱海新區

人口、民族　　　　31

歷史文化　　　　　33
獨特的地域文化／
天津衛／估衣街

地貌　　　　　　　34
沖積平原

水系　　　　　　　35
海河

氣候　　　　　　　35

自然資源　　　　　36
能源、礦產／紫砂陶土

經濟　　　　　　　36
農業／工業／交通

旅遊地理　　　　　38
盤山／黃崖關長城／獨樂
寺／大悲禪院／天后宮／
天津廣東會館／天尊閣／
石家大院

河北　　　　　　　44

行政區劃　　　　　44
石家莊市／保定市／邯鄲市

人口、民族　　　　46

歷史文化　　　　　46
磁山文化／祖沖之／張之
洞／李大釗

地貌　　　　　　　48
霧靈山／河北平原

水系　　　　　　　50
白洋淀／燕塞湖

氣候　　　　　　　52

自然資源　　　　　52
苦馬豆／大火草

經濟　　　　　　　53
農業／工業／交通

旅遊地理　　　　　54
山海關／孟姜女廟／老龍
頭／外八廟／木蘭圍場／
媧皇宮及石刻／開元寺
塔／趙州橋

承德避暑山莊　　　58

旅遊地理 93

成吉思汗陵園／萬部華嚴
經塔／昭君墓／龍泉寺／
遼上京遺址／黑城古城遺
址／美岱召／金剛座舍利
寶塔／席力圖召

那達慕大會 98

華東

上海 102

行政區劃 102
黃浦區／浦東新區／徐匯區

人口、民族 104

歷史文化 104
黃道婆／徐光啟／
中共「一大」會址紀念館

地貌 105
河口沙洲／淀泖低地／上
海濕地／長興島／崇明島

水系 108
黃浦江／吳淞江／淀山湖

氣候 110

自然資源 110
紅楠／黑面琵鷺

經濟 111
農業／工業／交通

旅遊地理 112
玉佛寺／豫園／大觀園／
龍華寺／古鎮朱家角／城
隍廟

多倫路文化街 116

山西 60

行政區劃 60
太原市／大同市／臨汾市

人口、民族 61

歷史文化 62
丁村人／武則天／司馬光

地貌 63
太原盆地／呂梁山／
恆山／太行山

水系 67
汾河

氣候 67

自然資源 67
山䖵粟／褐馬雞／脫皮榆／
烏金之鄉

經濟 68
農業／工業／交通

旅遊地理 71
雲岡石窟／雙林寺／晉
祠／應縣木塔／懸空寺／
五台山／壺口瀑布／平遙
古城／華嚴寺／永樂宮

晉商與大院文化 78

內蒙古 80

行政區劃 80
呼和浩特市／包頭市／
滿洲里市

人口、民族 82
蒙古族／鄂溫克族／達斡
爾族／鄂倫春族

歷史文化 85
河套文化／成吉思汗／忽
必烈

地貌 86
呼倫貝爾草原／陰山山脈／
巴丹吉林沙漠

水系 90
呼倫湖／烏拉蓋爾河

氣候 91

自然資源 91
大鴇／馴鹿

經濟 92
農業／工業／交通

山東　118

行政區劃　118
濟南市／青島市／煙台市／
威海市

人口、民族　120

歷史文化　120
大汶口文化／魯國編《春
秋》／孟子／李清照／辛
棄疾／戚家牌坊

地貌　122
山東半島／膠東丘陵／
蒙山／魯中南山地

水系　124
東平湖／南四湖

氣候　125

自然資源　125
金礦／藍寶石／勝利油田／
青島百合／白肩雕

經濟　126
農業／工業／交通

旅遊地理　128
泰山／趵突泉／嶗山道
觀／棧橋／成山頭／蓬萊
水城／千佛岩石窟造像

曲阜三孔　134

江蘇　136

行政區劃　136
南京市／揚州市／蘇州市／
無錫市

人口、民族　138

歷史文化　138
孫權稱帝／施耐庵與
《水滸傳》／徐霞客
遊天下／梅蘭芳

地貌　140
江淮平原／太湖平原

水系　141
太湖／高郵湖

氣候　143

自然資源　143
秤錘樹／白穗花／獨蘭花／
寶華玉蘭／白腹海鵰／麋鹿

經濟　145
農業／工業／交通

旅遊地理　146
周莊／盤門／滄浪亭／虎
丘／寒山寺／寶帶橋／天
下第二泉／黿頭渚公園／
中山陵／瘦西湖

蘇州園林　152

浙江　154

行政區劃　154
杭州市／寧波市／溫州市／
紹興市

人口、民族　157

歷史文化　157
河姆渡文化／良渚文化／
勾踐臥薪嘗膽／王羲之／
開鑿大運河／魯迅

地貌 160
杭嘉湖平原／舟山島／
寧紹平原／杭州灣

水系 161
錢塘江／富春江

氣候 162

自然資源 162
明礬石礦／銀杏／黑麂／
黃腹角雉

經濟 164
農業／工業／交通

旅遊地理 165
西湖／烏鎮／雁蕩山／靈
隱寺／千島湖／六和塔／
普陀山／阿育王寺／楠溪
江／天目山

安徽 172

行政區劃 172
合肥市／安慶市／蕪湖市

人口、民族 173

歷史文化 174
醉翁亭／徽商／
屯溪老街／潛口古民宅

地貌 176
皖中沿江平原／天柱山／
江南石灰岩洞群／巢湖盆地

水系 178
太平湖／巢湖

氣候 178

自然資源 179
華山礬／醉翁榆／華東黃
杉／短尾猴／揚子鱷

經濟 181
農業／工業／交通

旅遊地理 182
九華山／祇園寺／桐城文
廟／許國石坊／棠樾村牌
坊／中都皇陵／黃山

皖南古村落 186

福建 188

行政區劃 188
福州市／廈門市／泉州市

人口、民族 189
畬族／惠安女

歷史文化 190
客家首府——長汀／
媽祖文化／崇蛇的遺風

地貌 192
武夷山脈／博平嶺／
東南沿海丘陵／東山島

水系 196
閩江／木蘭溪／晉江

氣候 197

自然資源 197
福建柏／凹葉厚朴／
水松／白鷳

經濟 199
農業／工業／交通

旅遊地理 200
南普陀寺／萬石岩／南山
寺／福建土樓／洛陽橋／
清源山／開元寺／安平
橋／金湖

江西 206

行政區劃 206
南昌市／九江市／景德鎮市

人口、民族 208

歷史文化 208
陶淵明／白鹿洞書院／
文天祥／客家方形圍屋

地貌 209
鄱陽湖平原／羅霄山脈／
紅色丘陵（紅壤）／贛中
南丘陵

水系 212
鄱陽湖／贛江

氣候 213

自然資源 213
鎢／穗花杉／鵝掌楸／白鶴

經濟 214
農業／工業／交通

旅遊地理 216
廬山／井岡山／石鐘山／
五龍潭／滕王閣／三清山

婺源古建築群 222

華北

華北 北京

🌏 行政區劃

北京市簡稱京，中華人民共和國首都，位於內蒙古高原和華北平原的交界處，西、南、北三面與河北省相鄰，東南毗連天津市。

地處東經115°25′～117°35′、北緯39°28′～41°05′之間。轄東城、西城、朝陽、海淀、豐台、石景山、密雲、延慶等16個區（2010年撤銷崇文區和宣武區，分別併入東城區和西城區；2015年將密雲縣和延慶縣撤線設區）。全市面積1.64萬平方公里。市政府駐東城區。

東城區

東城區是北京市政府所在地，位於中心城區東部，面積42平方公里，戶籍人口91.9萬。轄17個街道。區內交通網絡分布密集，其中，全國鐵路交通樞紐——北京站位於轄區南部。工業主要有服裝、食品、印刷、毛紡、汽車配件、五金交電等行業。轄區內有王府井商業街、百貨大樓、新東安市場等商業場所。中央美術學院、北京協和醫學院等大專院校設立於此。醫療衛生機構逾500個，文化體育設施眾多。天安門廣場、天安門城樓、漢白玉金水橋、太廟、中山公園、故宮博物院、古觀象台、地壇、雍和宮等名勝位於區內。天安門廣場西側是人民大會堂，東側是中國國家博物館，南側是正陽門和箭樓。地安門外大街的北端有鐘樓和鼓樓。區內還有諸多名人的故居。

北京前門外的大柵欄，北京人不叫它為「大柵（ㄓㄚˋ）欄」，而是叫「大柵（ㄕㄢˋ）欄兒」。明朝時這一地區已發展成為有名的繁華鬧市。清乾隆年間，在街道兩端安置鐵柵欄，故大柵欄成為街名沿襲至今。大柵欄街東西長不過300公尺，卻雲集眾多的老字號，如同仁堂藥店、馬聚源帽店、瑞蚨祥綢布店、內聯升鞋店等。現已拆遷，並改成步行商業街。

西城區

西城區位於中心城區西部，是北京城的發祥地和商業文化區。面積50平方公里，轄15個街道。戶籍人口130萬，是中華人民共和國國務院、國家發改委、工信部、國家民委等中央國家機關，以及中共中央書記處、中共中央辦公廳、中共中央紀律檢查委員會、中共中央組織部、中共中央宣傳部等中共中央機關所在地。區內有中南海、人民大會堂、北海公園、景山、白塔寺、月壇、廣濟寺、法源寺、西單、琉璃廠、什剎海、白雲觀、金融街、大柵欄等。

海淀區

海淀區位於市區西北部，面積426平方公里，戶籍人口328萬。區政府駐長椿橋路，轄22個街道7鎮。1952年建區。區內地勢西高東低，有高粱河、清河、萬泉河、南長河、小月河、南沙河、北沙河、永定河引水渠、京密引水渠及昆明湖、玉淵潭、紫竹院湖等。農業主產小麥、蔬菜，兼產肉、禽、蛋、魚、水果。駐區有大專院校60所，包括全國著名的北京大學、清華大學等。海淀區是著名的尖端科技產區。尖端科技已成為區域經濟的支柱，形成電子資訊、光機電一體化等四大支柱產業。

人口、民族

北京市常住人口2172萬（2016年），人口密度為每平方公里1289人，其中市中心每平方公里超過2.3萬人，為世界上人口密度最大的城市之一。人口增長迅速的原因是自然增殖和機械增長的速度均較高。年齡構成屬年輕型，正處於向成年型過渡階段，勞動力資源充足，各種專業人才雲集。全國56個民族在北京都有分布，其中少數民族人口48萬（2009年），占全市總人口數的3.84%。人口在萬人以上的少數民族有回族、滿族、蒙古族。人口在千人以上的還有朝鮮族、壯族、維吾爾族、苗族、土家族、藏族。

天壇位於北京市東城區，是世界上最大的祭天建築群。天壇的主要建築均位於內壇，從南到北排列在一條直線上。全部宮殿、壇基都朝南呈圓形，以象徵天。整個布局和建築結構都具有獨特的風格。

🏛 歷史文化

北京是中國七大古都之一，也是世界歷史文化名城之一。早在70萬年至50萬年以前，原始人群部落「北京猿人」就在北京西南的周口店繁衍生息。秦始皇統一中國後，北京一直是北方軍事交通重鎮和地方政權的都城。作為燕國、遼、金、元、明、清的都城，北京擁有大量的文物古蹟和豐富多彩的文化內涵。1919年在北京爆發的震驚中外的「五四」運動，揭開了中國現代史的序幕。北京成為現代中國政治、文化大舞台的中心。

周口店北京人

周口店北京人遺址位於北京市房山區周口店龍骨山。距北京城約50公里。因考古學家首先在北京地區發掘出的一個完整的猿人頭蓋骨，而定名為北京人。1929年中國古生物學家裴文中在此發現原始人類的牙齒、骨骼和一塊完整的頭蓋骨，並找到了「北京人」生活、狩獵及使用火的遺跡，證實早在50萬年以前北京地區已有人類活動。以後陸續在龍骨山上發現一些猿人使用的石器和用火遺址。周口店遺址是世界上迄今為止人類化石材料最豐富、最生動，植物化石門類最齊全、研究最深入的古人類遺址之一。北京人所創造出的頗具特色的舊石器文化，對中國華北地區舊石器文化的發展產生深遠的影響。

北京人背鹿像（復原雕塑）。

北京周口店山頂洞遺址，距今約2萬～1萬年。遺址中發現的8具山頂洞人化石，不論腦容量還是人體體質特徵都和現代人接近。洞穴堆積物中還發現54種脊椎動物化石，其中絕大部分為華北、內蒙古及東北地區的現生物。山頂洞人能製造石器和骨器，而且能在骨器上製作一些精緻的裝飾品。山頂洞人是接近現代人的「北京人」。

關漢卿像。

關漢卿

關漢卿是元代雜劇作家，號已齋叟，大都（今北京市）人，約生於金末或元太宗時。有關關漢卿生平的資料較匱乏，只能從零星的記載中窺見其大略。據各種文獻資料記載，關漢卿編有雜劇67部，現存18部。其中《竇娥冤》、《救風塵》、《望江亭》、《拜月亭》、《魯齋郎》、《單刀會》、《調風月》等都是他的代表作。關漢卿的雜劇內容具有強烈的現實性並蘊含著高昂的戰鬥精神，關漢卿生活的時代，政治黑暗腐敗，社會動盪不安，階級矛盾和民族矛盾十分嚴重，人民群眾生活在水深火熱之中。他的劇作深刻地再現了社會現實，充滿著濃郁的時代氣息。作品既有對官場黑暗的無情揭露，又熱情謳歌了人民的反抗精神。慷慨悲歌，樂觀奮爭，構成關漢卿劇作的基調。在關漢卿的筆下，寫得最為出色的是一些普通婦女形象，例如竇娥、妓女趙盼兒、杜蕊娘等，各具性格特色。關漢卿描寫了她們的悲慘遭遇，刻畫了她們正直、善良、聰明、機智的性格，同時又讚美了她們強烈的反抗意志，歌頌了她們敢於向黑暗勢力展開搏鬥、至死不屈的英勇行為，在那個特定的歷史時代，奏出了鼓舞人民的主旋律。

老舍

老舍（1899～1966）原名舒慶春，字舍予，滿族，北京人，著名作家。曾因創作優秀話劇《龍鬚溝》而被授予「人民藝術家」稱號。老舍一生很注意對青年文學工作者的培養和輔導，並寫了約800萬字的作品。主要著作有：《駱駝祥子》、《火葬》、《四世同堂》、《月牙兒》、《我這一輩子》、《趕集》、《龍鬚溝》、《茶館》。老舍的作品中大量採用北京口語，展示了特殊歷史背景下北京普通老百姓的生活。他的作品達到了京味兒文學的高峰。

清代，除皇帝及其家眷外，任何人不得住進紫禁城，皇親國戚們都要建造自己的府第為居之所，於是，王府便產生了。今日北京城裡有60餘座清代王府，其中恭王府是保存最完整的一處，也是世界最大的四合院，它位於什剎海北岸。恭王府分為平行的東、中、西三路。中路的3座建築是宅邸的主體，一是大殿，二是後殿，三是延樓，延樓東西長160公尺，有40餘間房屋。東路和西路各有3個院落，和中路建築遙相呼應。王府的最後部分是花園，20多個景區各不相同，極為奢華氣派。

老舍像。

北京四合院

北京四合院，是中國北方住宅建築中一種傳統的布局形式，又體現了中國「前堂後寢」的禮制規格。四合院歷史悠久，漢代時四合院逐步形成，到唐宋時已廣泛使用，到明代趨於成熟。現在北京大量存在的都是清代建造的四合院。四合院一般的布局是在東南西北四面建房，中間圍出一個院子，院子的外牆除大門外，沒有窗戶或通道與胡同相連，四面房屋相對獨立，有的彼此間有遊廊相連。四合院多坐北朝南而建，院門都開在東南角，門內迎面建影壁，院內房子有正房、廂房、耳房之分，除了正房必須朝南，還有個「左廚右廁」的老規矩。四合院有大、中、小之分。高級的四合院分「進」，由四面房屋合圍起來的一個庭院就叫一「進」，院子可從南向北層層遞進，一進連著一進。北京四合院以三「進」的居多、二「進」的也有，四「進」以上較少。老北京有句俗語：「天棚魚缸石榴樹，先生肥狗胖丫頭」，講的就是四合院的獨特風景。天棚是遮陽擋雨之用。魚缸多養龍睛魚，石榴樹因寓意「多子」。先生專指帳房的先生，肥狗胖丫頭則象徵主人富裕安閒。

北京的胡同

北京的胡同，絕大多數都是正東正西，正南正北，橫豎筆直的走向，從而構成了北京十分方正的布局。這種布局也表明了北京這座古城是經過充分規劃，依照棋盤形的藍圖而建的。由於住宅多是坐北朝南的四合院，並列成排而組成胡同，所以東西向的胡同多，南北向的胡同少。而這種規劃正是吸取歷代帝都的建造經驗，體現了中國歷代城市規劃的傳承特色。據說北京城內星羅棋布的胡同有6,000條之多，很多胡同名稱從元代經明清一直沿用至今。名稱更是包羅萬象，但大多數與老百姓的生活息息相關，如柴棒胡同、米市胡同、油坊胡同、鹽店胡同、醬坊胡同等。

北京的四合院院子比例大小適中。冬天太陽可照進室內正房，冬暖夏涼。庭院則是戶外活動的場所。

垂花門是四合院內裝飾性極強的建築物，它的各個突出部位都有十分講究的裝飾。垂花門是四合院的外院與內宅的分界線。人們描述古代女子生活時所說「大門不出，二門不邁」中的「二門」就是指垂花門。

北京的胡同。

🏔 地貌

北京西、北兩面環山，東南為平原。山地面積占總面積的61.4%，平原面積占38.6%。西部山地統稱西山，屬太行山山脈，海拔一般為1000～1500公尺，最高處是門頭溝一帶的東靈山，海拔2303公尺。北部山地統稱軍都山，屬燕山山脈，為一個有若干個盆地的斷塊山地，一般高為800～1000公尺，最高處是延慶的海坨山，海拔2241公尺。燕山山脈向東直達渤海之濱。這兩條山脈在南口附近形成一個向東南展開的半圓形環抱北京小平原。平原由許多沖積扇組成，緩緩向東南傾斜，平原地帶海拔一般為30～50公尺，最低8公尺。北京城就位於永定河沖積扇的脊背上。

北京地區綿延起伏的燕山山脈和太行山脈，從西、北兩面將北京環繞起來。

東靈山

東靈山位於北京市門頭溝區西端，距市區122公里，西與河北省懷來縣交界，古稱礬山，懷來縣古稱礬山縣，即以此山命名。《懷來縣誌》把「礬山霽雪」列為該縣八景之一。東靈山以北京第一高峰（海拔2303公尺）而聞名。東靈山的氣溫較低，無霜期短，與京城的日溫差值達到10℃～12℃。東靈山是北京唯一集高原、草原風光為一體的自然風光景區。東靈山的植被隨海拔高度呈垂直變化，動物有松鼠、野兔、狐狸、狍子等，還有國家一類珍禽褐馬雞。隨著北京地區旅遊事業的發展，東靈山作為京郊旅遊的新興景點，已經成為人們又一個休閒度假的好去處。

龍慶峽

龍慶峽即古城水庫，位於延慶縣，距市區85公里，古稱「神峰列翠」，又名「古城九曲」。因谷中峰奇水碧，迂迴曲折，有「小三峽」之稱。元朝時，龍慶峽以南有一名叫香水園的地方，元仁宗愛育黎拔力八達就誕生在那兒。龍慶峽谷口有古城村，明、清時叫花園屯，相傳是遼代蕭太后的花園行宮。村東北隅有一座古城舊址，是漢初置夷輿縣城的故址，因此習慣上稱此地為古城。流經這裡的古城河發源於海坨山東側，因沿河兩岸有眾多的泉眼補給水源，河水終年不斷。1981年攔截古城河建成古城水庫，因古稱延慶縣為龍慶州，所以後來改水庫名為龍慶峽水庫。

海拔1900公尺以上的大草甸，由於避開了眾多人畜的踐踏，綠絨絨的山坡生長得更加旺盛。

水系

北京境內主要河流屬海河—薊運河水系。大小河流共80多條，西有永定河、拒馬河，東為白河、潮河，南為北運河。河流大多順地勢自西北流向東南，匯集於海河和薊運河，注入渤海。城郊有大小湖泊30個，大小水庫近百座。較大的水庫有密雲、宮廳、懷柔、十三陵水庫。市內湖泊多為人工開鑿，主要有昆明湖、北海等。

密雲水庫

密雲水庫位於密雲縣城北16公里處山區，橫跨潮河、白河，距北京市中心約100公里。水庫面積188平方公里，最大蓄水面積可達285平方公里。分白河、潮河和內湖3個庫區，庫容達43.75億立方公尺，水庫最深處達60多公尺，為華北地區最大的水庫。可控制潮河、白河上游15788平方公里流域的洪水。水庫工程由潮河、白河兩個樞紐組成，有5座副壩，3座溢洪道，6條輸水隧洞，兩座電站和一個調節池。白河主壩高66公尺，壩頂長960公尺。平均每年向市區供水10億立方公尺，發電1億多度，灌溉農田400萬畝。密雲水庫還是北京主要水源，1985年被列為一級水源保護區。

永定河

永定河是北京地區最大河流，海河五大支流之一，海河水系的西北支。源流一為桑乾河，一為洋河，分別源出山西省寧武縣管涔山區和內蒙古高原南部。永定河全長650公里，流域面積約5.08萬平方公里。流經山西、河北兩省和北京、天津兩市入海河，注入渤海。主要支流有壺流河、洋河、媯水、清水河等。市境內主河道全長189公里，河床最寬處為3800公尺。市境內流域面積為3168平方公里，占全市面積的19.3%，其中山區面積2491平方公里。河流在三家店進入平原地區後經常改道。歷史上屢次成災。河上有大、中型橋梁48座，京廣鐵路、京原鐵路、豐沙鐵路等跨河而過。永定河同北運河、潮白河、拒馬河、薊運河一起，統稱為北京市的五大水系。

密雲水庫。

📖 Travel Smart

黑龍潭

黑龍潭位於密雲水庫西北石城鎮轆轤峪下，屬長城下白河峽谷潭群。白河河道全長約4公里，落差達220公尺。奔騰而下的河水，形成數十處深潭。黑龍潭是其中有名的18個大潭的合稱。谷口一潭面積約50平方公尺，上方瀑布高約30公尺，飛瀉入潭。潭水清似鏡，四周風光各異。沿谷上行有懸潭、沉潭、落雁潭、平沙潭、滴水潭、葦潭、曲潭、三疊潭、龍戲潭、真龍潭、春花潭、秋月潭。潭中動物如魚、蝦、蛇、龜、蛤蟆等均為黑色，亦為奇觀。

☁ 氣候

　　北京屬典型的溫帶大陸性氣候，冬季寒冷乾燥、夏季高溫多雨。春秋短、冬夏長，大部分地區無霜期在6個月以上，年均降水量609公釐。降水年際變化大，最大年降水量達1406公釐，最少年僅242公釐。夏季占全年降水量的70%。冬季盛行西北風，經常出現大風、降溫、寒冷、乾燥天氣；春季氣溫回升迅速，雲量稀少，多大風；7月～8月高溫多雨，對農業生產有利；秋季天高氣爽，舒適宜人。旱澇為北京主要災害，春旱頻繁，對農業影響較大，平原窪地常有夏澇，山區多雹災。

夏天的中南海。

🌳 自然資源

　　北京境內植被類型為暖溫帶落葉闊葉林，並混雜有暖溫帶針葉林，主要是油松林。有各類植物2000多種，其中野生植物約占一半。百花山、妙峰山、東靈山等地是著名的天然植物園。北京境內有礦產數十種，其中煤和鐵儲量較大，還有金、銀、銅、鉛、鎳、鉬和石灰岩、大理石、耐火黏土等礦產。現已在北京地區發現多處地熱異常帶和地熱田。

月季

　　月季，別名長春花、月月紅、四季薔薇等，屬薔薇科，常綠小灌木。植株直立，矮性叢生。枝幹一般生有彎曲尖刺，枝幹青綠色，基部為灰褐色，新枝多呈紫紅色。葉互生，奇數羽狀複葉，托葉與葉柄合生，小葉3～5片，卵圓形至披針形，邊緣有鋸齒，葉表暗綠色。花單生或簇生成傘房花序，生於枝頂，花托呈半球形或半圓形，萼片五裂，花瓣20～30片，花色有紅、紫、黃色，花期2月～12月。果實球形或壺形，初期青綠色後變紅黃色，冬初成熟，內含栗色種子多粒。月季花為中國原產品種，已有千年的栽培歷史，在世界上被譽為花中皇后，北京的市花就是月季。

月季不僅有較高的觀賞價值，而且對許多有毒氣體具有吸附作用，是保護和美化環境的優良花卉。墨紅月季的鮮花可提取浸膏，用於化妝品生產。

勺雞

　　勺雞，別名柳葉雞，屬於雉科，中型雞類。全長約60公分。雄鳥頭部暗綠色，頭頂有棕黑色的長冠羽；頸側在耳羽下各有一大白斑。背羽灰色，具「V」形黑色縱紋，羽片披針形。飛羽暗褐色。尾羽褐灰色，具雜斑，末端白色。下體胸部栗色，越向腹部羽色越淡，雜有白紋。勺雞嘴黑色，腳暗紅色。雌鳥上體棕褐色，背羽也具「V」形黑紋，下體淡栗褐色。棲息於海拔700～4000公尺的高山針闊葉混交林中。以植物根、果實及種子為主食。勺雞終年成對活動，秋冬成家族小群，在地面以樹葉、雜草築巢。4月底至7月初繁殖，每窩產卵5～7枚，乳黃色，帶不規則淺紅或茶褐色的粗斑。孵卵以雌鳥為主，孵卵期21～22天，雛鳥出殼後能獨立活動。北京的百花山有勺雞分布，其他地區，如遼寧省以南至西藏東南部的中部地區也有分布。

遺鷗

　　遺鷗屬於鷗科，中型水鳥，屬於國家一級保護動物，全長44公分左右。上體灰色，頭、上頸黑色；眼上下各有一半圓形白斑；頸項、腰、尾白色。下體純白。嘴、腳暗紅色。遺鷗棲息於大型水域，主食魚類、水生無脊椎動物及草葉。築巢於沙島上，常與燕鷗、噪鷗、巨鷗的巢混在一起。遺鷗的繁殖地為乾旱地區的湖泊。湖區生態環境單調，多為荒漠、半荒漠地區。遺鷗選擇這種極為惡劣的生態環境孵兒育女，是其長期生存競爭的結果。每年5月中下旬遺鷗產卵，每窩2～3枚，卵灰綠色具黑斑，卵色變異大。孵卵期24～26天。雛鳥約40天後具飛翔能力。遺鷗分布於北京、內蒙古、河北、山西、甘肅。遺鷗為世界瀕危物種，近年在內蒙古鄂爾多斯發現比較穩定的繁殖種群，為世界已知最大的群體之一。

勺雞由於經常棲於松林並啄食松葉，故又有「松雞」之稱。但牠並不是真正的松雞。

🖐 經濟

北京全市有工業企業逾2萬家，其中尖端科技產業成為帶動工業增長的龍頭。包括電子、機械、化工、輕工、紡織、印刷等行業，門類齊全，已形成較為完整的工業體系。近些年來，尖端科技產業對全市工業增長的貢獻越來越大。全市耕地總面積0.329萬平方公里，可灌溉面積占80%以上。農業機械已廣泛應用。農業主產小麥、稻穀、玉米等。商業服務業初步形成行業基本配套，門類比較齊全，營業銷售點大中小型結合的商業體系。前門大柵欄、王府井、西單等商業街有眾多大型綜合性商場、特色商店、風味餐館及服務名店。北京是全國交通中心，鐵路、公路和航空運輸的總樞紐。

北京華能熱電廠是一座高標準環境保護型熱電聯產的燃煤電廠。圖為巨大的發電機轉子正吊裝就位。

農業

20世紀80年代以來，北京加速發展蔬菜、牛奶、禽蛋、肉類、果品、水產等農副產品，商品率有較大提高。北京全市土地總面積約占全國的0.17%，土地數量大於滬、津兩市。土地類型多樣，在耕地中，水澆地、水田、旱地的比例大致是7：1：2。山區水利化程度較低，水田主要分布在南部和東南部窪地地區。全市有林地近30萬公頃，以低山地帶最多。從20世紀50年代至80年代末，種植比重逐年下降，副業、畜牧業地位有較大上升。

工業

北京2016年完成工業增加值24899.3億元人民幣，地區生產總值達25669.1億元，人均GDP為114,590元。對經濟貢獻最大的主要是金融等產業，房地產業與汽車工業亦持續發展，製造業則有生物醫藥產業、光機電產業、微電子產業等。

交通

北京通往全國各地的主要鐵路幹線有京瀋、京廣、京九、京滬、京包、京承、京通、京原等線，通過鐵路將東北、西北、中原及南方的廣大地區同北京緊密聯繫起來。此外，還有直通蒙古、俄羅斯、朝鮮等國的國際鐵路線。北京地區共有客、貨運輸站約200個，承擔全市1/3貨運量和1/2的客運量。公路建設發展迅速。由首都連接各省、市、自治區，通往各大港口及鐵路幹線樞紐和重要工農業基地的主要放射線有12條，公路品質不斷提高。北京是全國航空中心，通往國內各地的民用航空線有數十條，連接各省、

北京郊區田園景色。

自治區首府、直轄市、重要工礦基地及旅遊地點等上百個城市。20世紀80年代國際民航發展快，首都機場已成為重要的國際航空港，有國際及地區航線20條，可直航亞、非、歐、美。20世紀60年代在北京建成中國第一條地下鐵路，80年代建成環城地鐵，兩期工程總長39.7公里。2002年輕軌13號線開通，2003年開通了地鐵八通線，至2016年底，共有19條營運路線，包括18條地鐵路線和1條機場軌道。預計到2021年底，北京地鐵營運總里程將達到近1000公里。北京高速鐵路則有京滬、京廣、京福、京哈、京瀋和京津城際等多條路線，連結國內各大城市。

✈ 旅遊地理

在元、明、清三代，北京都是中國的政治、文化中心。悠久的歷史、燦爛的文明使北京留下了大量的文物古蹟和豐富多彩的人文景觀。北京皇家宮殿、園林、朝壇及宗教建築遍布，文物古蹟薈萃，集中國文化之大成。宏偉的萬里長城和規模宏大的紫禁城是聞名世界的旅遊景點；頤和園、北海、香山等皇家園林令人流連忘返。北京背靠萬山，前擁九河，自然風景旅遊資源也很豐富，名山、森林、草原、石灰岩洞、溫泉、湖泊交相輝映。如今北京已經成為世界瞭解中國的窗口。

故宮

故宮位於北京市區中心，天安門廣場北。為明清兩代的皇宮，又稱紫禁城，是中國現存最大最完整的古代宮殿建築群。紫禁城始建於明永樂四年至十八年（1406～1420），占地72萬平方公尺，呈端正的長方形，南北長960公尺，東西寬760公尺，周邊有高10公尺的城牆合圍，總長約3.4公里，四隅各有一座構築奇巧的角樓，宮城外環繞52公尺寬的護城河，構成森嚴的城堡。紫禁城有四座城門，南面的午門為正門，俗稱五鳳樓；北為神武門，正對景山；東西稱東華門和西華門，位置偏南。宮城內建築約15萬平方公尺，有宮殿70座，屋宇8700多間（號稱9999間半），主要建築自南而北端正地排列在一條貫通紫禁城的中軸線上，配屬建築分別向東西兩側依次排列。全部建築群分外朝和內廷兩部分。外朝區占地

紫禁城裡，殿閣重重，千門萬戶，街道也是縱橫交錯，四通八達。

故宮太和門前的銅獅。

約6萬平方公尺，以前三殿為中心，依次是太和殿、中和殿、保和殿。太和殿又稱金鑾殿，金碧輝煌，殿內正中端放象徵皇權的金漆雕龍寶座。內廷中心建築是乾清宮、坤寧宮、交泰殿，合稱後三宮。1987年被列入《世界遺產名錄》。

故宮太和殿。

天壇

天壇位於永定門內大街路東，是明清兩代皇帝祭天祈穀處。天壇占地2.73平方公里，東西長約1700公尺，南北寬約1600公尺，是中國現存最大的古代祭祀性建築。1998年被列入《世界遺產名錄》。天壇分內壇和外壇，建築布局呈「回」字形，有兩重壇牆圍隔，主要建築集中於內壇，四周古柏森森。內壇平面北圓南方，象徵「天圓地方」，環繞壇周半圓半方的圍牆俗稱天地牆。主要建築排列於南北中軸線上，依次為圜丘壇、皇穹宇、祈年殿、皇乾殿等。北部的祈年殿為祈穀處，南部的圜丘壇為祭天處。祈年殿是天壇的主體建築，始建於明永樂四年（1406），永樂十八年（1420）建成。現存建築為清光緒十五年（1889）遭雷火後重建。殿高38公尺，直徑32.72公尺，為三重簷亭式圓殿。殿頂九龍藻井，極為精美。

明清兩代帝王的祭祀場所除了天壇外，還有地壇、日壇、月壇。但無論從架構，還是從力學、美學的角度來看，天壇都是出類拔萃、舉世無雙的建築傑作。

祈年殿內共有28根巨大的楠木柱，中央四柱與外圈兩排各12根，分別代表四季、12個月、12個時辰。

雍和宮宗喀巴佛。

雍和宮

雍和宮坐落於二環路的東北角，是中國歷史上唯一一座由行宮改建而成的藏傳佛教寺廟，迄今已有260多年歷史。現在為北京市唯一一座保存完好、規模最大的藏傳佛教寺院。清代這裡曾是康熙皇帝四子胤禛（雍正皇帝）的府邸，稱貝勒府，胤禛被封為和碩雍親王後，改稱雍親王府。胤禛繼位後，將雍和宮改為行宮，敕名雍和宮。此名沿用至今。乾隆帝就出生在這裡，宮內御碑亭鑴刻著乾隆御筆《喇嘛說》。出於穩固邊陲、治國安邦方面的考慮，乾隆皇帝在他繼位後的第九個年頭，與他的國師——第三世章嘉活佛仔細商量後，委派章嘉活佛一手籌辦，於1744年將父親的行宮改為佛土淨地，迄今已有270多年的歷史。雍和宮有著深厚的政治歷史、宗教文化積澱，成為北京以至內地唯一一座藏傳佛教藝術博物館。這裡殿宇之巍峨、佛像之精美、唐卡之絢麗無不令人駐足歎息；這裡集皇室珍品、高僧遺物、漢藏瑰寶、文物精品於一堂，蔚為大觀。七世達賴喇嘛敬獻的整根白檀木雕刻的彌勒大佛高8公尺，作為中國佛教文化的精英瑰寶，亦被載入《金氏世界紀錄大全》。中國進入改革開放的年代，雍和宮作為皇家園林景觀、藏傳佛教明珠，而成為中國著名旅遊景點，每年接待著上百萬遊人香客、四海賓朋。

古觀象台

古觀象台位於北京市東城區建國門立交橋西南側，是一座展示中國古代天文儀器以及古代天文學的自然科學類專題遺址博物館。古觀象台，原名觀星台，始建於

古觀象台。

23

明正統七年（1442），是明清兩代的天文觀測中心，是世界上最古老的天文台之一，至今已有570餘年的歷史。它由一座高14公尺的磚砌觀星台和台下紫微殿、漏壺房、晷影堂等建築組成。在青磚台體上聳立著八件青銅鑄就的宏大精美的儀器，有清代製造的天體儀、赤道經緯儀、黃道經緯儀、地平經儀、象限儀、紀限儀、地平經緯儀和璣衡撫辰儀。器身上那雕刻精美的遊龍，栩栩浮動的流雲，形象逼真，其中部分仍具有實測功能。古觀象台是中國古代文明史上一座不朽的豐碑，是中華民族對天文學的偉大貢獻。

圓明園

圓明園遺址坐落在北京西郊海淀區東部，與頤和園相毗鄰。圓明園始建於清康熙四十八年（1709），是清朝帝王歷時150餘年創建的一座大型皇家宮苑。圓明園原有殿閣樓台140餘所，建景100餘處，其構築風格或仿造仙宮幻境，或取自名山幽谷，或博採江南秀色，或依照西洋宮苑。並收集有豐富的藝術珍品和圖書文物，享有「萬園之園」的美譽。歷史上的圓明園由圓明園、長春園、綺春園（萬春園）組成，三園之間有垣牆相隔。前為萬春園，後面圓明園和長春園並列，共占地約350萬平方公尺。雍正、乾隆、嘉慶、道光、咸豐五朝皇帝，都曾長年居住在圓明園，並於此舉行朝會，處理政務，被清帝特稱為「御園」。咸豐十年（1860）圓明園被英法聯軍劫掠焚毀，後又長期遭到官僚、軍閥、奸商的巧取豪奪，乃至政府當局有組織地損毀，一代名園逐步淪為一片廢墟。

圓明園內被英法聯軍焚毀後殘存下來的大水法和遠瀛台遺蹟。

盧溝橋宛如一帶長虹，橫跨兩岸，11個拱券洞門悠然臥在波瀾之上。

盧溝橋

盧溝橋位於永定河上，距市區約15公里，是北京現存最古老的聯拱石橋。盧溝橋始建於金大定二十九年（1189），明昌三年（1192）竣工。橋長266.5公尺，寬9.3公尺，共11孔，全以白石建造。橋身、拱券、橋墩以腰鐵牢固，橋墩呈船形，迎水面砌作分水尖，尖端加裝三角鐵柱，稱「斬凌劍」，以抵禦洪水和春冰。中心主橋孔跨度21.6公尺，餘孔漸收，近岸孔跨度約16公尺。兩側橋欄有石雕欄板279塊，望柱共281根，每根柱頭均雕有大石獅，共281個，大獅身上有小獅198個，頂欄上2個，華表上4個，大小總計485隻。因其數多，且小獅子多雕於隱蔽處，故明代即有「盧溝橋的獅子——數不清」的歇後語。橋兩端東有石獅，西為石象，緊抵橋頭望柱，風趣而實用。盧溝橋以工程宏偉、石雕精美聞名於世，並以曉月清景著稱，橋頭碑亭存有清乾隆帝所題「盧溝曉月」漢白玉碑刻。橋東是宛平城，1937年「七七事變」從這裡開始，現建有中國人民抗日戰爭紀念館和紀念碑。

香山

香山位於北京市西北郊香峪大梁東南，距市中心約20公里，最高峰香爐峰海拔557公尺。山頂有兩塊巨石，山勢陡峭，人稱「鬼見愁」。金世宗大定二十六年（1186）在此修建永安寺，金章宗完顏璟續建繪景樓、祭星台。元代建靈應宮。明代建洪光寺、玉華寺。清康熙十六年（1677）建香山寺，乾隆八年（1743）大規模建築殿閣樓台，有勤政殿、翠微亭、棲雲樓等28景，並加石壘虎皮牆，取名「靜宜園」。歷史上曾多次被毀，後整修擴大，新中國成立後闢為公園。全山景點

香山紅葉在霜秋季節，由於天氣變冷，晝夜溫差變化增大，葉綠素合成受阻，而類胡蘿蔔素、胡蘿蔔素、花青素成分增多，使葉子呈現出紅黃、橙紅等美麗色彩。

分為三路，北有昭廟、琉璃塔、見心齋、眼鏡湖等；中有多雲亭、玉華山莊、芙蓉館、西山晴雪碑等；南有森玉笏、閬風亭、半山亭、香山寺等。昭廟——全稱為「宗鏡大昭之廟」，為藏式建築，是清乾隆四十五年（1780）為接待進京祝壽的六世班禪而建，廟前立漢白玉牌坊，上刻精美雲龍紋。廟西山腰處有琉璃塔一座，七層八角密簷式，每層簷角懸掛銅鈴。

八達嶺長城

八達嶺長城位於北京延慶縣西南，距市區約75公里。八達嶺地處要衝，因「出居庸關，北往延慶州，西往宣鎮，路從此分」而得名。八達嶺長城海拔805公尺，

山勢險要，懸崖上鐫「天險」二字。建於嶺上的八達嶺關，是居庸關的周邊關口和防衛前哨，關城始建於明初，弘治十八年（1505）以磚石重修，後屢有修葺。關城有兩門，東門題額「居庸外鎮」，西門題額「北門鎖鑰」。兩門券洞上置平台，台周磚砌垛口，南北各開豁口。東門平台與關城城牆相接，西門平台與長城相連，關城和城牆均以條石和城磚砌築，十分堅固。城牆平均高7.8公尺，最高處達14公尺，底寬6.5公尺，頂寬5.8公尺。牆頂靠城外一側築有2公尺高的城垛，靠城內一側是1公尺高的短牆，稱宇牆。沿城每隔三五百公尺築有方形城台，高出牆頂。四周砌有城垛。按不同功能分牆台、敵台、戰台等多種結

構。牆台是供守軍巡哨避風雨之用，設有簡屋；敵台分上下層，上層備燃放煙火設施，並有射口、望口，下層可供10餘人住宿；戰台多設在險要處，有3層，下層是高台，上層用作望，稱「樓櫓」，中層儲存兵器物資，有箭窗射口。西門外有建於明嘉靖三十年（1551）的岔道城，為守軍前哨指揮所，可駐守七八百人。

十三陵

十三陵位於八達嶺——十三陵風景名勝區東南部，昌平區北部天壽山南麓群山之中，是明代13個皇帝的陵園。陵區三面環山，中間為平坦的馬蹄形盆地，占地約40平方公里。首先建造的是明成祖永樂帝朱棣的長陵，始建於明永樂七年（1409），最後建造的是思宗崇禎帝朱由檢的思陵，建於陵區中央，東側為景陵、永陵、德陵，西側為獻陵、慶陵、裕陵、茂陵、泰陵、康陵，西南為定陵、昭陵、思陵。各陵共有一條神道，正對長陵，長7公里。南端有一漢白玉石牌坊，共有5間，6柱11樓，上覆廡殿頂，夾柱石上雕有神獸、獅、龍等，高14公尺，寬28.86公尺，建於明嘉靖十九年（1540），是中國現存最大的古石坊。坊北依次為大紅門、碑

八達嶺長城地區山勢險要、城關重疊，作為軍事防禦工事可謂固若金湯。但當年李自成即由宣府、懷來方向直闖八達嶺，奪關而入，推翻了明朝的統治。

「十三陵石牌坊」為中國現存建築最早、規模最大的漢白玉石坊。

樓、龍鳳門、神道。各陵園面積大小、建築繁簡有所差異，布局、規制基本相同，平面均呈長方形布局，依次為陵門、碑亭、神廚、神庫、恩門、明樓、定城等。十三陵中，地面建築以長陵最宏偉。已發掘的是定陵地下宮殿。

臥佛寺

臥佛寺位於北京市西山北麓，離城約20公里，正式名稱為十方普覺寺。該寺創建於唐太宗貞觀年間（627～649）。元、明、清歷代都進行了修建。因寺內有銅鑄釋迦牟尼的臥像，故一般稱之為臥佛寺。臥佛寺院背靠「壽安山」，四層殿院都建在中軸線上，背負青山，層層深入。天王殿又叫大肚子彌勒佛殿，長15公尺，寬9.52公尺，兩側是四大天王。三世佛殿長24.32公尺，寬13.50公尺，內供有釋迦、藥師、彌勒三世佛，

兩側有十八羅漢（1984年塑造）。臥佛殿內最吸引人的一尊巨大銅臥佛，是釋迦牟尼涅槃像，元代所鑄，一臂曲肱而枕，作睡臥狀，全長5公尺多，實重約54噸，鑄造工藝精緻，是中國現存最大的一尊銅臥佛。寺內外古柏參天，環境幽雅，並與寺西北的櫻桃溝連成一組遊覽區。

潭柘寺

潭柘寺位於北京門頭溝區東南部，太行山餘脈寶珠峰南麓，因廟後有龍潭，廟前有柘樹，寺也就因此得名潭柘寺。潭柘寺歷史極為悠久，曾有「先有潭柘，後有幽州」的說法。據記載，潭柘寺前身為晉代的「嘉福寺」，距今已有1700多年，而北京城如果從元大都開始算起，大約比潭柘寺晚了800多年。潭柘寺地理環境極好，寺後有九峰環抱，寺前山峰則如巨大屏風，俗語

有云：「前有照，後有靠，左右有抱。」描述的就是它的地理位置。因山建寺，殿堂逐級向上，參差錯落層層排列，四周有高牆環繞。寺院外是一座3間4柱的木牌坊，牌樓前有古松二株，枝葉相互搭攏，尤如綠色天棚，牌樓下有一對石獅，雄壯威武。1957年，潭柘寺被列為第一批市級文物保護單位，如今，寺院經過整修，猶如一座世外桃源，吸引著眾多的中外遊客。

潭柘寺內外古木參天，寺前流水淙淙，僧塔如林，修竹成蔭。

頤和園

頤和園位於海淀區西部，距市中心12公里，是中國現存最大的一座古代園林之一。總占地面積290.8萬平方公尺，其中水面約220萬平方公尺，主體由萬壽山與昆明湖構成。園內有殿堂樓閣、亭台水樹3000餘間，規模十分宏偉，素以人工建築與自然山水巧妙結合的造園手法著稱於世，堪稱中國古典園林之首，享有「何處燕山最暢情，無雙風月屬昆明」的讚語。頤和園原名清漪園，是清代乾隆皇帝於乾隆十五年（1750）為祝母壽所建。1860年被英法聯軍焚毀，光緒十二年（1886）慈禧太后挪用海軍經費和其他款項重建，並於1888年改名為頤和園。1900年，頤和園又遭八國聯軍嚴重破壞，1902年再次修復，即成現在規模。園中山石巍峨，碧池清流，亭台樓榭散布於花樹之中，毫無雜亂之感，布局得體又富於變化，錯落有致。基本布局可分為勤政區、居住區、遊覽區三大部分。頤和園構思之妙、建築之精，集中國園林藝術之大成，有「皇家園林博物館」之稱，是世界上造景豐富、建築集中、保存最完整的皇家園林。

仁壽殿

勤政區以仁壽殿為中心，朝房重重，肅穆嚴謹。仁壽殿原名勤政殿，是皇帝在頤和園坐朝聽政，召見臣屬的正殿。兩側配殿，是群臣候朝的地方。殿前庭院綠樹濃蔭，配以假山曲徑，並有古銅寶鼎和龍鳳麒麟。大殿中的陳設一如當年原樣，殿正中用紫檀木雕刻的地平床上陳放著象徵封建皇權的九龍寶座。後面的屏風亦為紫檀木所製，頂部雕刻有9條金色戲龍，中間玻璃框上刻畫著226個不同寫法的「壽」字。

佛香閣遠景

石舫

石舫位於萬壽山西昆明湖，又名清晏舫，始建於乾隆二十年（1755）。石舫長36公尺，上下兩層，慈禧太后常在此宴飲並觀賞湖光山色。一碧萬頃的昆明湖占據了頤和園3/4的面積，湖中修造的大小島嶼和眾多建築將這座園林點綴得如同仙境。

頤和園石舫

聽鸝館

聽鸝館在頤和園萬壽山前山西部。前面是清溪亭，後面的山坡上是畫中游。始建於清乾隆時，光緒十八年（1892）重建。現已闢為餐廳，其桌椅陳設和菜譜都具有宮廷風格。

頤和園十七孔橋月夜

天津

🌐 行政區劃

天津市簡稱津，是環渤海和東北亞的重要港口城市。地處華北平原東北部，東臨渤海，北依燕山。南北長約187公里，海岸線長約153公里。天津市介於北緯38°33'～40°15'、東經116°42'～118°04'之間，面積1.1萬多平方公里。除西北和西南少部分與北京接壤外，其餘皆與河北相鄰。天津位於海河下游，地跨海河兩岸，是北京通往東北、華東地區鐵路的交通咽喉和遠洋航運的港口，有「河海要衝」和「畿輔門戶」之稱。轄和平、河西、南開等16個市轄區。市政府駐和平區，京津高鐵的天津站位於河北區。

平津戰役紀念館。

和平區

和平區位於天津市中部，為天津市政治、文化、商貿、金融和資訊中心。市政府駐該區花園路12號。該區轄6個街道，面積10平方公里，人口27萬。明末清初設區，八國聯軍入津後，為英、法、日三國的租界地，後改為一區區公所，1956年改和平區，1958年原新華區併入。區內有各類商業設施4300多家，其中大中型商業設施占相當比重，聞名全國的勸業場商場、華聯商廈、百貨大樓、濱江商廈、國際商場的大型商業設施以及凱悅、利順德、國際大廈、友誼賓館等星級飯店位於繁華地段。狗不理包子飲食集團公司、天津烤鴨店、亨得利鐘錶眼鏡公司、冠生園食品公司、瀋陽道古物市場位於該區內。區內有廣播、電視、報刊等數十家中央和市級新聞單位，此外電話局、長途電信局、市科技情報中心也都位於該區內。

南開區

南開區為天津市高教科研、儀錶電子工業、機械製造工業的集中地和商業的重要發祥地。南開區位於市境西南部，轄12個街道，面積40平方公里，人口101萬，有漢、回、滿等35個民族。區政府駐黃河道。區內地勢

平坦，北高南低，區界形狀略呈倒立三角形。南運河和海河流經北部和東北角，中部有牆子河、紅旗河、衛津河、復康河橫穿。津淄（博）公路、津鹽（山）公路路經區內，地鐵行駛南北。區內的工業以儀錶電子、機械製造為重點。高等學府有著名的南開大學和天津大學。

濱海新區

濱海新區是天津市下轄的副省級區，2009年由原塘沽區、漢沽區、大港區以及天津經濟技術開發區等區域整合而成，位於天津市的最東端，東臨渤海，西距天津市區40公里，地處環渤海地區的中心地帶，總面積2,270平方公里，人口248萬人，是中國北方對外開放的門戶，被譽為「中國經濟的第三增長極」。濱海新區的海域面積達3000平方公里，擁有海岸線153公里，隨著天津填海造陸工程的進展，濱海新區的陸地面積和海岸線仍在增長。區內的油氣、海洋、地熱、濕地等自然資源豐富，為經濟發展和特色產業部門的形成與發展提供了有力的支撐。2015年4月，天津自貿區在濱海新區正式掛牌成立，是中國長江以北地區唯一的自由貿易試驗區。2016年濱海新區生產總值突破一兆人民幣，成為中國首個GDP破兆的國家級新區。

海河作為天津的母親河，為天津的發展作出了重要的貢獻。

🛉 人口、民族

天津市常住人口1562.12萬（2016年），其中市區人口占總人口的40%。全市人口密度平均每平方公里約900人，以市區人口密度最大。市區中又以和平區人口密度最大，每平方公里4.7萬餘人，河東區最小，為1.7萬餘人。全市有滿、蒙古、回、藏等41個少數民族，總人數30.4萬人，占全市總人口的2.9%，以回族最多，滿族次之，除回族和滿族居住稍集中外，多是各民族雜居。

天津市的穆斯林在做禮拜。

獨樂寺觀音閣內有一尊遼代十一
面觀音塑像，高16公尺，軀體微
向前傾，面容豐潤，體態端莊，
為現存遼代塑像之精品，也是中
國現存最大的泥塑。

歷史文化

從新石器時代開始，歷經商周、秦漢、隋唐直至遼宋數千年的不斷開發，到了金朝，天津地區成為戍守要塞——直沽寨。元朝時又因海運、漕運的輪轉形成河港，在此建立了海津鎮。明朝朱棣則從這裡南渡奪取皇位，取天子渡口之意，賜名「天津」，並設置了當時中國最大的衛所，徵調了大量軍人駐紮在此。軍旅文化一度成為天津文化的主流。清代中葉，天津已迅速發展成為北方的商業集散中心。

獨特的地域文化

作為距離北京最近的大都市，天津成為京城達官貴人養神散心的寶地，宮廷文化隨之傳入，市井文化也逐漸發達起來，其中的説唱藝術（包括相聲、快板、天津時調等）更是聞名全國。以水西莊文化為代表的天津文學曾鼎盛一時，楊柳青年畫、「泥人張」彩塑、「風箏魏」風箏等民間手工藝品也非常著名。作為護衛京師的畿輔重鎮，天津在英法聯軍、八國聯軍的屢次侵略中都成為抵禦外辱最慘烈、最悲壯的地方。被列為通商口岸後，天津出現了不少辦理匯兌業務的錢莊，成為中國北方的金融中心、商業中心。隨著西方列強劃分租界，不同地域、不同國家

天津石家大院。

的文化在這裡互相融合，最終形成了天津獨特的地域文化。

天津衛

古代的天津是個漁村，北宋年間，這一帶的泥沽、小沙河等地就有了些名聲；金代改名為直沽寨。元朝開發海運，直沽寨一帶駐兵屯墾，成為水旱碼頭，又改名為津海鎮。元亡以後，明代燕王朱棣興兵南征由此渡船，取「奉天承運，弔民伐罪，得民心，順天意」之意為「天」，取「渡河」之意為「津」，遂更名為「天津」。後來，各朝各代都在這裡屯兵，建城設衛，最後才定名為「天津衛」。

估衣街

天津估衣街，東西長約800公尺，但店鋪林立，生意興隆。50餘年前，這裡開設的綢緞、棉布、估衣、皮貨和瓷器等各業商店，馳名華北和中國。一進入臘月，各商店的櫥窗都以吉慶福瑞的裝飾作出精緻的陳列。如泰和公瓷店擺出了江西景德鎮出產的福、祿、壽「三星」；大豐泰皮貨莊櫥窗中布置了北國寒冬冰天雪地的深山雪林，以虎、豹、狐、羊和松鼠的標本，安置其間，栩栩如生；同升號泥人莊的玻璃櫃中，擺滿了「泥人張」的泥人；同泰成戲衣莊則擺滿了生、旦、淨、末、丑的京劇戲裝頭面和刀槍把子，各具特色。

天津解放橋。

🏔 地貌

天津市地貌總輪廓為西北高而東南低，呈簸箕形向海河幹流和渤海傾斜。最高點為九山頂，其主峰海拔1078.5公尺，薊縣東北長城附近的八仙桌子山峰海拔1052公尺，最低處大沽口，海拔為零。天津有山地、丘陵和平原三種地形，平原約占93%。除北部與燕山南側接壤之處多為山地外，其餘均屬沖積平原，薊縣北部山地是燕山山脈向東延伸的南翼，為海拔公里以下的低山丘陵。靠近山地是由洪積沖積扇組成的傾斜平原，呈扇狀分布。傾斜平原往南是沖積平原，東南是濱海平原。

沖積平原

天津市絕大部分是平原，按其成因、地面組成物質及海拔高度，可劃分為海積平原、海積沖積平原、沖積平原、洪積沖積平原四種類型。海積平原分布於渤海沿岸蔡家堡、馿駒河之間狹長地帶。海積沖積平原分布在寧河、潘莊、北倉、楊柳青一線以南。沖積平原分布在燕山山前洪積、沖積傾斜平原以南，濱海平原以西的廣大地區。地勢低平，地下潛水位高，地面徑流排泄不暢，河床淤高，多成「地上河」。

天津世紀鐘。

平原河溝有利於淡水養殖的發展。

水系

天津市河流以海河、薊運河為主。海河上游支流眾多，長度在10公里以上的河流達300多條。這些大小河流匯集成為中游的永定河、北運河、大清河、子牙河和南運河等五大河流。這五大河流匯合後的下游就是海河，統稱海河水系。流經天津市境的一級河道有19條，總長度為1095.1公里，其中包括上述河流在內的自然河道13條，長811公里。還有子牙新河、獨流減河、馬廠減河、永定新河、潮白新河、還鄉新河等6條人工河道，長284.1公里。二級河道79條，總長為1363.4公里，深渠1061條，總長為4578公里。

海河

海河是中國華北地區大河之一，上游支流眾多，匯為五大支流：北運河、永定河、大清河、子牙河和南運河。五河分別自北、西、南三面匯流至天津，始名海河。海河自金鋼橋以下幹流長73公里，河道狹窄多彎。海河水系上游支流繁多分散，下游集中，為典型扇狀水系，洪水極易集中；河道容泄能力上大下小，下游河道不暢，河流進入平原坡度驟減，泥沙淤積，河床墊高，形成地上河或半地上河，歷史上屢次成災。解放後在海河上興修了大量水庫，並開挖疏浚河道，提高了防洪標準。

氣候

天津市屬暖溫帶半濕潤季風氣候。冬半年受蒙古冷氣團控制，多西北風，氣溫較低，降水也少。夏半年太平洋亞熱帶暖高壓加強，以偏南風為主。氣溫升高，降水也多。年降水量500～700公釐，夏季降水量占76%；降水量年際變化大，多雨年和少雨年相差3～4倍。有時還有春旱。

冬季天津市區一角。

海河自西北向東南蜿蜒流經天津市繁華市區。

🌳 自然資源

天津市平原區有石油、天然氣、煤、地熱等能源資源,有豐富的地下水和山緣地帶礦泉水;北部山區的固體礦種有水泥灰岩、溶劑灰岩、白雲岩、水泥用葉岩等30餘種。樹木有耐旱鹼的白蠟、槐、椿、柳、楊、泡桐等;積水窪地生長有蘆葦、菖蒲及人工栽培的藕、菱等。野生動物有野山羊、獐子、草兔、刺蝟、松鼠等;有鳥類235種。水產豐富,有150多種,淡水魚多達59種,主要有鯉魚、鯽魚、草魚等。

能源、礦產

天津市的陸地及渤海海域都蘊藏著豐富的石油和天然氣資源。另外,天津地區地熱資源也很豐富,它屬於非火山沉積盆地型中、低溫熱水型地熱。熱通過傳導方式以地下熱水的形成釋放出來。目前地熱作為一種新的環保能源,已被天津市廣泛使用於地熱採暖、養魚。煤也是天津市的重要能源礦產,含煤地層主要出現在基岩深埋區和基岩淺埋區。

紫砂陶土

天津市薊縣紫砂陶土礦賦存於上元古界兩個層位,即串嶺溝組及洪水莊組的伊利石葉岩。串嶺溝組伊利石葉岩分三部分。上部多為黑、灰綠、黃綠色含砂岩條帶的粉砂質伊利石葉岩。葉岩混有粉砂,用沉降法所得黏土礦物主要是伊利石,是紫砂陶器較好的原料。天津串嶺溝組及洪水莊組伊利石葉岩是一個大型黏土礦床,是紫砂陶器的好礦物原料,其數量和品質可與江蘇宜興的紫砂泥黏土相媲美。

💰 經濟

天津市工業部門較齊全,農業生產有一定基礎,是華北地區經濟中心和對外開放的沿海港口城市之一。農業生產以糧食作物為主,小麥、玉米、稻穀為天津三大作物。「小站稻」是中國優良水稻品種。牧業、副業、漁業生產發展較快。工業中,食品、紡織與輕重工業並重,產業結構趨於合理。天津是華北經濟區貿易中心,並與東北、西北地方有密切聯繫,多種商品暢銷「三北」地區。天津市陸路、水路交通四通八達,是華北地區物資集散地。

紫砂花鳥磚方壺。

天津塘沽海門大橋。

一望無垠的農田。

農業

天津市農業為城郊型農業，種植業、養殖業的產業結構比較合理，已建立了七大副食品商品基地。北部薊縣山地丘陵和山前洪積沖積平原區，主要種植糧食作物、果林，還有相當規模的畜牧業。中部偏北的沖積平原區，是重要的糧食產地，以種植小麥、玉米等旱糧作物為主。市區近郊和鄰縣，處於沖積、海積平原區，是供應城市蔬菜等產品的副食品基地，也有水稻和副業生產。西南靜海一帶多為鹽鹼窪地，以糧食、油料作物為重點，林、牧、副、漁各業俱全。東部濱海平原，澇鹼嚴重，窪地眾多，以水稻種植為主，實行稻麥兼作，並有漁、葦等水產副業。

工業

天津的機械工業擁有動力機械、工程機械、機床、汽車、拖拉機、造船、電子、儀錶、手錶等30多個行業部門，能生產高級、精密、大型的多種產品，其中機床、柴油機、紡織機械等幾十種產品出口國外。汽車產量在中國也居重要地位。化學工業具有一定基礎，是中國海洋化學工業的搖籃，也是全市主導工業之一，重點為海洋化工和石油化工。冶金工業現已具備煉鋼、軋鋼、金屬製品、耐火材料、有色金屬等多類型及相互協作的工業部門。其中特種異型彈簧鋼絲、預應力刻痕鋼絲、各種有色和黑色合金特細鋼絲及航空鋼絲繩、鍍鋅鋼絲繩等產品，都已達到先進水準。

交通

天津是中國北方重要的水運、陸運、空運的交通樞紐。陸運有京哈、京滬、京九三大鐵路幹線，北經京哈線通往東北，南經京滬線直下滬、浙、閩，向西過北京與京承、京通、京廣、京包、京蘭等鐵路幹線相連，境內還有津薊、北環、南堡等鐵路線。京津城際鐵路又稱京津高鐵，實際里程全長116.939公里，是一條連接北京市和天津市的城際客運專線。津同、京福、京哈、山廣等五條國道在這裡匯集。

天津新港是中國最大的人工港，是中國北方重要的國際貿易港口和水陸運輸樞紐，也是中國目前規模最大的集裝箱和糧食、散鹽碼頭。天津濱海國際機場是首都國際航線的備降機場，與國內十多個城市和世界十幾個國家和地區通航。

✈ 旅遊地理

天津市以平原地貌為主,「京東第一山」——盤山是其主要的山地風景區,天津薊縣北部高山上的長城雄關也是一大景觀。天津河網稠密,為「九河下梢」、「海河之要衝」,水岸風景別具特色。作為通商口岸,各地商賈聚集津門,所以宗教遺存也比較多,其中以獨樂寺、天后廟最為著名。近代史上,天津曾為八國租界,這裡的建築薈萃了各國精華,堪稱萬國建築博覽。大沽口炮台、望海樓等是著名的歷史遺跡。

盤山

盤山為燕山餘脈,因山勢如龍盤,故名。它位於薊縣西北部,總面積106平方公里,主峰掛月峰,海拔864公尺。傳說漢末田疇為避董卓之亂曾隱居於此,亦稱田盤山,又名徐無山、四正山,有「京東第一山」之譽,素以三盤、五峰、八石之勝著稱。三盤之中,上盤以松、中盤以石、下盤以水勝,有「上盤松樹奇,中盤岩石怪,下盤響瀑泉,十里聞澎湃」之語。五峰為北之自來、南之紫蓋、東之九華、西之舞劍和主峰掛月。八石為將軍、晾甲、懸空、蛤蟆、搖動、夾木、天井石和蟒石。有定光佛舍利塔、雲罩寺、八音洞、東甘洞、桃源洞、紅龍池、文殊智地等名勝。天成寺取天然圖畫之意,始建於唐,依山而建,分兩層。歷代屢毀屢建,現存建築為1980年重建。下層為「江天一覽閣」和遊廊。寺西有密簷八角十三級磚塔,為遼天慶年間(1111~1120)遺物。

黃崖關長城

黃崖關位於天津薊縣境內,東起馬蘭峪長城,西止王帽頂山,全線總長3025公尺,逶迤雄踞在崇山峻嶺之中。黃崖關始建於北齊天保七年(557),明代又包磚大修。全段長城建在陡峭的山脊上,關隘東有懸崖為屏,西側的長城邊牆因地制宜,築有磚牆、石牆以及險山牆、劈山牆等多種形式的城牆。沿線敵樓和煙墩有方形、圓形、磚築、石砌諸多類型,共計20座。黃崖關關城的布局,採取了丁字形和曲尺形街巷的布局方式,當敵人闖入關城之後,就會到處碰壁,守關士兵則可據有利地形將其殲滅。

由於盤山山奇景佳,所以吸引了歷代帝王前往遊覽。盤山也由此成了大興土木之地,建立了很多寺院。

大悲禪院的大雄寶殿。

獨樂寺

獨樂寺位於天津薊縣城西門內西關大街路北,相傳為唐貞觀十年(636)尉遲敬德監修,遼統和二年(984)重建,明清兩代多次重修。現存建築中山門、觀音閣為遼代遺物,其餘為明清所建。此寺以西北有獨樂水而得名,俗稱大佛寺。寺院由東西中三部分組成,東為行宮,西為僧房,中為寺院主要部分。由山門、觀音閣構成南北軸線,兩側有廊廊相連。山門面闊三間,進深兩間,中為門道,兩側有泥塑哼哈二將。單簷廡殿屋頂,坡度平緩,屋簷遠伸,翼角舒展,造型優美,為中國現存最早的廡殿頂山門。簷下「獨樂寺」匾額傳為明代權相嚴嵩手書。觀音閣為重簷歇山式建築,外觀兩層簷,內為三層,面闊五間,進深四間,為中國最早的樓閣建築。閣中須彌座上有一遼代十一面觀音塑像。

大悲禪院

大悲禪院是天津市最大的一座八方佛寺院,由新廟和舊廟兩部分組成,是天津保存完好、規模最大的佛教寺院,位於河北區天緯路40

獨樂寺觀音閣。

黃崖關長城是盤繞於王帽頂山嶺間的一段城牆，是薊縣與河北興隆縣之間的主要關口和通道。

號。禪院始建於清順治年間，歷經修葺擴建。1976年唐山大地震，寺院遭到嚴重破壞，1980年修整一新。寺院由天王殿、大雄寶殿、大悲殿、地藏殿等組成，供奉24臂大悲觀音像。殿內珍藏魏、晉、南北朝至明、清各代的銅、木、石造像數百尊。大悲禪院因供奉過唐僧玄奘法師的靈骨而聞名於世，1956年靈骨轉送印度那爛陀寺。現為中國佛教協會天津分會所在地。

天后宮

天后宮俗稱娘娘廟，位於天津市南開區東北角宮南大街北，為祭祀海神和娛神演出及船工聚會場所。元泰定三年（1326）敕建。當時此處為南北運河與海河交匯的三叉口，是海運與內河航運的中轉站，帆檣林立，十分繁榮。天后宮面對海河，坐西朝東，建築面積2500平方公尺。現存大殿、配殿、鐘鼓樓、山門和旗桿，均係明清遺物。殿內有天后塑像，高2.7公尺，頭戴鳳冠，身著霞帔，兩側有四侍者恭立。農曆三月初三日，相傳為天后誕辰，在此舉行隆重祭祀活動、娛神表演，如龍燈、高蹺、舞獅、旱船等通宵達旦。同時舉辦大型集市貿易，宮南、宮北大街成為十分熱鬧的貿易市場。

天津廣東會館

天津廣東會館位於天津舊城鼓樓南，是天津市至今保存最完整、規模最大的清代會館建築。光緒末年，天津海關道廣東人唐紹儀倡議集資修建廣東會館。光緒三十三年（1907）一月十四日會館落成。會館像一座大四

天后宮建築群。

合院,磚瓦木料大多從廣東購買,院門宏闊,羅漢山牆高聳,廳堂都出廊廈,內部裝修華麗,很有嶺南特色。戲樓是天津廣東會館的主要建築,戲樓舞台深10公尺,寬11公尺,頂部是用細木構件榫接而成的螺旋式藻井,雕花工藝精美,音響效果良好。「五四」時,這裡經常舉行群眾集會或演出,著名表演藝術家梅蘭芳、楊小樓等人都曾在此戲樓上演出。

天尊閣

天尊閣又名太乙觀,是道教的一座供奉元始天尊、西天王母和紫微大帝等神的廟宇。它位於天津寧河縣蘆台鎮北30公里的豐台鎮南村,占地6000平方公尺,建築面積240平方公尺。該閣始建年代不可考,據《豐潤縣誌》記載,清康熙年間(1662~1722)重修。該閣建於高大的磚石台基上,為3層樓閣式木結構建築。其下層為天尊閣,中層為王母殿,上層為紫微殿,閣通高17.4公尺,面寬5大間,進深4間。閣頂為九脊歇式,正脊磚雕二龍戲珠和雙鳳牡丹;兩側脊和飛簷上雕有各種神獸站立於上。閣內有8根通天柱。3層前簷有樓板伸出的露台,可登臨遠眺,整個建築巍然矗立,氣勢莊嚴。由於其建築結構具有科

學性,穩定牢固,1976年7月唐山發生的7.8級以上強烈地震,周圍建築均遭毀壞,唯獨此閣安然無恙。該建築對研究津唐地區300年來的地震災害及房屋建築抗震等方面極具研究價值。

石家大院

石家大院是清末天津「八大家」之一的「尊美堂」石府的宅第。石氏家族久居楊柳青,歷時已有200多年。從清中葉到民初,其財勢號稱津西首富。石氏又有「兄弟聯登」武舉的輝煌歷史,使得石家更為有財有勢。石氏家族四門之中數「

尊美堂」石元仕一家財勢最大。天津石家大院就是石元仕的宅第,始建於1875年,至今已有120多年的歷史。石家大院從北門估衣街到前門(南門)河沿街,長100公尺,寬70公尺,占地6000多平方公尺,其中建築面積2000多平方公尺,房屋278間。這是中國迄今保存最好、規模最大的晚清民宅建築群。整個建築典雅華貴,磚木石雕精美細膩,室內陳設民情濃厚。無論是規模還是設計,無論是精密還是宏大,都可以和山西的「喬家」、「王家」大院相媲美。

石家大院尊美堂。

河北

華北

🌐 行政區劃

河北省簡稱冀，位於中國華北平原北部，東臨渤海，南至黃河下游以北，因位於黃河之北而得名。它介於北緯36°03'～42°40'、東經113°27'～119°50'之間。西接山西省，北連遼寧省與內蒙古自治區，南鄰山東、河南兩省，中部與北京、天津兩個直轄市毗鄰。全省海岸線487公里，面積19萬平方公里，轄11個地級市、36個市轄區、22個縣級市、108個縣和6個自治縣。省會石家莊市。

石家莊市

石家莊市是河北省省會，政治、經濟、文化中心，中國重要的鐵路樞紐和棉紡織工業基地之一。石家莊市位於河北省中南部，西倚太行山，東、南、北三面為廣闊的華北平原，轄8區11縣和3個縣級市。面積15848平方公里，人口1078萬（2016年）。市區位於太行山麓滹沱河沖積扇上，滹沱河流經北部，地勢微向東南傾斜，地表平坦，土地肥沃，地下水儲量豐富而質佳。石家莊市年均溫度12.9℃，年均降水量566公釐。農業盛產棉花和小麥。市區西部有井陘煤礦，煤炭資源豐富。石家莊是京廣、石太、石德三條鐵路的交會處，公路四通八達，交通便利。城市布局較整齊，街道呈棋盤式，寬闊平坦。市區東北部有以輕紡、機械、醫藥、冶煉為主的半圓形工業區；東南和西南部有以輕工、機械為主的工業區；新闢的邱頭工業區，以煉油、化工為主。

野三坡。

保定市

保定市是河北省的輕工業城市，是冀中物資集散地，位於河北省境中部京廣鐵路線上。轄5區4市15縣，面積22185平方公里，人口1034萬（2016年）。春秋戰國時為燕與趙交綏之地，有「燕之南陲，趙之北鄙」之稱。歷史上金、元定都北京後，保定市成為「京畿重地」。市區位於太行山山前沖積扇上，西高東低，海拔17公尺。一畝泉河、侯河、白草溝和清水河（匯合後稱府河）流經市區，地下水豐富。京廣鐵路貫穿市區，保滿線通往神星，交通便利，附近地區物產豐富。20世紀50年代以來發展為以紡織、機械、化學工業為主的輕工業城市，食品、造紙、電力、建材等部門都有發展。

中國第一座現代化化學纖維聯合企業和第一座感光材料企業均建於此，也是中國第一個列車電站基地。出產人造絲、電影膠片、機製紙、大型變壓器及地毯、仿古泥皮壁畫等。

邯鄲市

邯鄲市是河北省新興的工業城市，中國重要的焦煤基地之一，著名歷史古城。位於河北省南部，轄6區11縣1個縣級市。面積12065平

戰國時，燕國壽陵少年聽說邯鄲人步伐優美，不遠千里來邯鄲學步。結果，他不但沒有學會，反而連自己的走法也忘了，只好爬著回去。圖為位於邯鄲市內北關沁河上的學步橋。

方公里，人口949萬（2016年）。邯鄲市早在春秋時已是列國爭奪的重要城堡，自西元前386年定為趙國國都達158年之久。秦為邯鄲郡治所，至漢末仍為全國五大都城之一。手工業、商業和冶鐵鑄造業發達，有「冶鐵都」之稱。市境西倚太行山，東臨滏陽河，其支流牛河、沁河、渚河、輸元河皆流經市區。富有煤、鐵、石灰石和陶土等礦產資源。東部各縣盛產棉花。邯鄲市交通便利，京廣鐵路縱貫市區，邯鄲一長治鐵路西連山西，馬頭一磁山、褡褳一磁山、邯鄲一磁山鐵路呈「8」字環行溝通市區，另有窄軌鐵路聯結附近各縣。工業以紡織、電力、煤炭、鋼鐵、機械、陶瓷為主。

👤 人口、民族

河北省境內人口7424.92萬（2016年），人口密度平均每平方公里約386人，平原人口密度大於山區和高原。平原人口密度由西向東遞減；山區和高原地區（除個別山間盆地和河谷平原外），則由南向北遞減。燕山南麓和太行山東麓沖積扇及相鄰平原地帶是河北省人口最稠密的地區，每平方公里多達600人以上。人口最稀少的地區是燕山、太行山區和北部高原地區，平均每平方公里100人至200人，張北高原及偏僻山區不足50人。河北省農業人口比重遠高於全國農業人口比重。民族構成以漢族為主，有回、滿、蒙古、壯、土家、朝鮮等53個少數民族，共280多萬人。少數民族分布地區較廣，現有6個少數民族自治縣。

🏛 歷史文化

河北省遠在夏禹時代就屬九州之一的冀州。春秋戰國時代，為「燕趙」之地，遊俠風氣盛行，尚武精神代代相傳。滄州是著名的武術之鄉和雜技之鄉。邯鄲則是戰國、西漢時期著名的大都市。天下第一關山海關雄踞渤海灣內，萬里長城就從這裡開始。元、明、清三代建都北京後，河北成為守衛京都的最後屏障，也是懷柔北方少數民族的地方，政治地位顯著。河北「自古多慷慨悲歌之士」，歷史名人有戰國時代的名醫扁鵲、西漢的大思想家董仲舒、南北朝時南朝的科學家祖沖之、北魏的地理學家酈道元、唐朝初年的政治家魏徵、宋代開國皇帝趙匡胤、元代的天文學家郭守敬及戲曲家關漢卿等。

磁山文化

發現於河北武安磁山的磁山文化大約出現在西元前5400年至西元前5100年，是華北新石器時代早期的重要文化。磁山文化主要分布在冀南、豫北等地。農業是磁山文化的主要生產部門，在磁山的80個窖穴中發現堆有腐爛的糧食——粟，有的厚達2公尺以上。當時的農業生產工具有石斧、石刀、石鐮、石鏟和石磨盤等。磁山的石磨盤多呈柳葉形，石鐮一般是有刃無齒。石器的製作工藝多為磨製，也有少部分為打製。遺址出土的骨鏃、魚鏢、網梭以及鹿類、魚類、龜類、蚌類和鳥類等骨骸，表明漁業經濟也占有重要位置。出土的家畜骨骸有豬、狗、牛、雞等。從當前已知的材料看，「磁山文化」的主人是世界上最早培植粟和飼養雞的人。

滄州鐵獅子的頭頂及項下均鑄有「獅子王」字樣，腹腔內還鑄有隸書《金剛經》。據傳是開元寺中文殊菩薩的坐騎。

磁山文化遺址中所發現的石雕人頭，以十分誇張的形式表現五官。額部有一孔，可能是為了便於穿繫佩戴。

張之洞像。

回車巷

回車巷位於邯鄲市叢台區南門里路西，東西長約75公尺，寬1.8公尺，傳為趙國大臣藺相如為大將廉頗回車讓路的地方。藺相如是戰國時期趙國人，出身微賤，後因出使秦國，確保完璧歸趙；澠池之會，保全趙王免受屈辱，立了大功，被拜為上卿。大將廉頗不服，一日故意攔擋藺相如的車馬，藺相如把車退到一條小巷裡。後來廉頗得知藺相如是怕將帥不和，秦國會趁機來犯趙，故而忍讓於他後，感到十分慚愧，於是親自到相府負荊請罪。廉頗與藺相如言歸於好，在歷史上留下了一段「將相和」的佳話。

祖沖之

祖沖之是南北朝時期河北省淶水縣人，是古代傑出的數學家、天文學家。祖沖之在數學上的傑出成就，是有關於圓周率的計算。祖沖之在前人的基礎之上，將 π 的數值精確到3.1415926與3.1415927之間，比外國數學家早了1000多年。為了紀念祖沖之的傑出貢獻，有些外國數學史家建議把 π 叫做「祖率」。祖沖之博覽當時的名家經典，堅持實事求是，從親自測量計算的大量資料中對比分析，發現過去曆法的嚴重誤差，並勇於改進，在他33歲時成功編製了《大明曆》，開闢了曆法史的新紀元。祖沖之還與他的兒子祖暅一起，巧妙地解決了球體體積的計算。

張之洞

張之洞是河北省南皮縣人，字孝達，號香濤、抱冰，曾擔任翰林院侍講學士、內閣學士等職。1884年中法戰爭時，升任為兩廣總督。任職期間起用老將馮子材，在廣西邊境擊敗法軍。又設廣東水陸師學堂，創槍炮廠，開礦務局，立廣雅書院，武備文事並舉。1889年張之洞調任湖廣總督，大辦洋務，成為後起的洋務派首領。他先後開辦漢陽鐵廠、湖北槍炮廠、馬鞍山煤礦、湖北織布局、湖北繅絲局等重輕工業企業，並籌辦滬漢鐵路。《馬關條約》議訂時，他曾上疏阻止和議，要求變通陳法。1898年他發表《勸學篇》，提出「舊學為體，新學為用」，以維護封建倫理綱常，反對戊戌變法。1903年，張之洞強調辦學應當首先注重師範。1907年他被調到京城，任軍機大臣，次年病卒。

李大釗

李大釗是中國共產主義運動的先驅，中國共產黨的主要創始人之一，字守常，河北樂亭縣人。1913年他留學日本，開始接觸馬克思主義，參加反對袁世凱的革命。1916年李大釗回國，任《晨鐘報》主編，1918年任北京大學圖書館主任，並參與編輯《新青年》。俄國十月革命後，他先後發表《法俄革命之比較觀》、《庶民的勝利》、《布爾什維克主義的勝利》等著名論文。1920年春，李大釗和陳獨秀發起並組織了馬克思學說研究會。同年10月，建立了北京共產主義小組。中國共產黨成立後，他負責中共北京區委和北方區委的工作。1927年4月6日，張作霖派軍警搜查蘇聯大使館，李大釗等60餘人被捕。

🏔 地貌

河北省地貌總的特點是高度差別大，地貌類型齊全，大地貌單元排列井然有序。省內地勢西北高，東南低。西北部的山地、高原海拔多超過1000公尺。第一高峰是位於太行山北端的小五台山，海拔2882公尺。東南部的平原大部分海拔不足50公尺，渤海沿岸平原海拔10公尺左右，地勢高差達2000多公尺。全省地貌可劃分為壩上高原區、冀北山地區、冀西北山間盆地區、冀西山地區、河北平原區五大類。其中冀北山地區有「熱河屋脊」之稱，冀西山地區屬於黃土高原的東部邊緣，黃土地貌發育比較典型。

霧靈山

霧靈山是燕山山脈主峰，最高點為玉皇頂，海拔2116公尺，位於河北省興隆縣境西北部。山體切割強烈，坡度陡。由於霧靈山山體較為高大，截留來自海洋的潮濕空氣，雲霧常年籠罩山川，因此在溫帶區域中有得天獨厚的自然地理優勢。這裡植被生長繁茂，森林結構複雜，森林面積大而集中，擁有森林20萬畝，形成了良好的生態系統。霧靈山氣候、土壤、植被垂直分帶明顯，從山上到山下一日可度四季。霧靈山為灤河和海河兩大流域分水嶺的組成部分，是河北省自然保護區和天然風景區。

李大釗雕像。

霧靈山景色。

河北平原的秋天。

河北平原

河北平原是華北平原的一部分、華北地區主要的農業區。南抵黃河，北至燕山，西鄰太行山，東瀕渤海，面積約12.8萬平方公里。平原的絕大部分都在河北省境內，故稱河北平原。平原內交通方便，工業發達。盛產糧棉和果品，石油和天然氣蘊藏豐富。名勝古蹟繁多，旅遊資源相當豐富。地貌差異較為明顯，近太行山、燕山山前為海河各支流及灤河堆積的沖積扇平原，沖積扇平原的下方則是由海河流域南北兩系河流所堆積的廣闊的沖積平原。

🐾 水系

河北省河流分內、外流兩大類。壩上閃電河以西屬內流區域，河流多注入內陸湖泊（如安固里淖、察汗淖等），其餘廣大地區屬外流區。主要水系為海河、灤河及冀東沿海小河——石河、湯河、洋河、飲馬河、陡河等。此外，還包括遼河水系老哈河的一部分。受自然地理條件影響，具有水系分配不均及河流含沙量大等特徵。全省年均徑流總量174.83億立方公尺，其中壩上5.07億立方公尺，山區132.32億立方公尺，平原區37.44億立方公尺。

白洋淀

白洋淀是河北省最大的淡水湖和水產基地，一名白陽淀，又稱西淀，位於安新、高陽、任丘、雄縣等市縣境內，大部分在安新縣境內。白洋淀由白洋淀、藻淀、馬棚淀等143個淀泊組成，總面積336平方公里，水面面積可達300平方公里。整個水域位於大清河南支中游，由北、西、南三面匯集潴龍河、唐河、府河、漕河、瀑河、萍河、白溝引河和孝義河等八河洪水和瀝水，是大清河緩洪滯瀝重要的天然窪淀。白洋淀水域遼闊，氣候宜人，景色秀麗，物產豐富，有魚類約35種。水生植物以葦、菱、蓮、藕著稱。抗日戰爭時期水上游

擊隊——雁翎隊膾炙人口的故事就發生於此。

燕塞湖

燕塞湖，原名石河水庫，是1974年築壩蓄水而成。因地處燕山叢中，古為軍事要地，命名為燕塞湖。李自成與吳三桂的石河大戰戰場就在這裡。湖長20多公里，最深處60公尺，蓄水量7000萬立方公尺。兩岸群峰參差，峭壁懸崖，有橫空石壁、山中月鏡、杏林春曉等景觀。因其景色雋秀如同桂林山水，有小桂林之稱。洞山劍峰是燕塞湖內的湖心小島，石河兩支澗水匯於山前，形成深潭，其上半壁懸崖，青峰峭拔，山腰有一天然石洞，深不可測，常有蛇蟒出沒。洞窟下絕壁瀕臨深淵，旁有樵夫小徑可通山頂，傳說石洞是呂洞賓鬥蒼龍的時候，蒼龍鑽山撞擊而成。燕塞湖內有一座半島，形如一彎新月，島下湖水如鏡。在湖中望島呈半圓形，山影倒懸，月色幽靜，形影合一，恰恰構成一個圓形。坐上遊船，沿河道逆流而上，大有「山重水複疑無路，柳暗花明又一村」之感。

燕塞湖風光。

白洋淀古時與文安窪、東淀相連，稱為瀦溏，後隨河流改道泥沙淤積而逐漸分離，水面不斷減小，1982年乾枯。1988年的大雨又使白洋淀湖區恢復。

🌧 氣候

河北省地處中緯度歐亞大陸東岸，屬於中溫帶、暖溫帶大陸性季風氣候。主要特徵是四季比較分明，冬季寒冷乾燥；夏季炎熱多雨；春季乾旱、風沙較多；秋季晴朗，寒暖適中。大部分地區的年平均氣溫為0℃～13℃。1月均溫−21℃～−3℃，且寒冷季節較長，極端最低溫出現在禦道口為−42.9℃。7月均溫18℃～27℃，歷史極端最高溫出現在保定，為43.3℃。全年無霜期100～200天。年降水量300～800公釐，燕山南麓和太行山東麓是降雨較多的地區，降水量達700～800公釐。河北平原寧晉、南宮一帶與張北高原是少雨區，年降水量為400～500公釐。

🌳 自然資源

河北省已發現各類礦產資源109種，其中已探明儲量的有66種。冀東地區是中國三大鐵礦產地之一。溶劑灰岩保有儲量居全國第三位，鈦礦保有儲量居全國第二位，溶劑白雲岩保有儲量居全國第一位。山地丘陵植被幾乎全為次生林或次生溫帶灌草叢。河北壩上氣候乾旱，植被為草原。冀北山地200～1000公尺的地區是落葉闊葉林主要分布區，以次生落葉櫟林為主，代表種屬有蒙古櫟、遼東櫟、柞櫟、麻櫟、栓皮櫟、槲櫟等；此外有白樺、山楊、河北楊等。河北省珍稀動物有褐馬雞、獼猴、鵲鴝等。

苦馬豆

苦馬豆屬於豆科，為多年生草本植物，高30～70公分。總狀花序腋生，花紅色或淡紅色。花期為4月～5月，莢果呈膀胱狀。果期為7月～8月。苦馬豆主要產於河北、河南、山西等地，生長於鹽鹼低濕地、荒地及溝渠邊。

大火草

大火草屬於毛茛科，為多年生草本植物，生長於海拔700～3400公尺的山坡草地。基生葉～4片，葉背被白絨毛。花葶密生短絨毛，花白色或帶粉紅色。花期為7月～9月。大火草特產於河北、山西、河南等地。

苦馬豆

大火草

經濟

　　河北省工業門類齊全，工業布局比較合理，多種工業產品居中國前列，主要有紡織、機械、煤炭、鋼鐵、石油、化學、陶瓷、建材等部門。農業比較發達，土地墾殖指數高於全國平均水準。農作物以小麥、玉米、棉花、穀子為主，乾鮮果品中板栗和梨的產量居全國第一位。畜牧業也很有名。河北交通發達，有京廣、京滬、京九、京哈、京原、京通、石太等10餘條鐵路和京石、京瀋等高速公路過境。秦皇島港是中國最大的煤炭輸運港。高碑店的白溝市場、石家莊的新華集貿市場和南三條小商品市場是中國主要的小商品批發市場。

農業

　　河北的糧食作物播種面積占農作物總播種面積的77.7%，糧食總產量居中國第九位。糧食生產集中在冀東、冀中、冀南地區。小麥的種植面積最大、產量最多，占全省糧食作物的1/3以上，居第一位。薯類、豆類也是重要的糧食作物。河北是中國經濟作物較發達的地區之一。經濟作物以棉花、油料為主，棉花播種面積占1/2，植棉歷史悠久，棉田集中，是中國棉花重要產區之一。河北經濟林木種類較多，水果總產量居中國第三位，其中梨產量居中國之首。淺山和丘陵地區歷來為中國著名的梨、棗、柿、栗產區。

工業

　　河北是中國重要的陶瓷產區之一，年產量居中國第五位，一半供出口。唐山和邯鄲為兩大日用陶瓷生產中心，並分別為中國八大陶瓷產區之一。唐山陶瓷質地細膩，釉面光亮，裝飾美觀，骨灰瓷、玉蘭瓷、白玉瓷等久負盛名。邯鄲陶瓷曾以「磁州窯」著稱於世。除生產傳統產品外，還生產象牙瓷、翡翠瓷等高級細瓷。河北是中國主要產煤省區之

秦皇島港年輸出煤炭占全國煤炭輸出總量的一半以上。

一，燕山南北和太行山東麓是主要產區。開灤礦是省內最大的煤礦。化學工業擁有化肥、農藥、醫藥、有機合成、塑膠等多種部門，其中抗菌素、合成氨、膠片等產品的生產在全國具有重要意義。石油、機械、紡織等工業也占據著重要地位。

交通

鐵路是河北交通運輸網的主體。鐵路網密度居關內各省（區）之首，有石家莊、山海關等樞紐車站。京廣、京滬、京通等鐵路縱貫南北，京瀋、京包、石德、石太等鐵路橫貫東西，還有京承、錦承、豐沙、邯長等鐵路和幹線相交，將全省各地、市緊密聯繫。全省鐵路幹線基本實現複綫；並新增京秦、大（同）秦兩條電氣化鐵路。隨著京廣高鐵北京至石家莊至鄭州段的建成通車，石家莊、滄州、廊坊、保定、邯鄲、邢臺等6個市將率先有高鐵聯通。公路是河北運輸網重要組成部分，高級、次高級路面通車里程占總里程的50%以上。公路東南部平原地區較密集，西部和北部山區密度較小。海上運輸是河北省對外聯繫中僅次於鐵路的運輸方式。秦皇島港是中國現代化大型海港之一。

✈ 旅遊地理

河北省古為燕趙之地，文物古蹟眾多。有以出土金縷玉衣而聞名世界的滿城漢代墓群；有南、北響堂山、蒼岩山橋樓殿等宗教遺存；有氣勢宏偉、石雕精美的清東、西陵；還有中國最大的皇家園林之一——避暑山莊。岡丘起伏，草茂花繁的木蘭圍場，是清代皇家秋獮習武之地。屹立千年不倒的趙州橋更是天下聞名，在世界橋梁史上地位顯著。河北山勢險峻，擁有「天下第一關」——山海關等重要關隘。現代革命史蹟則有西柏坡革命紀念館等。河北省海岸線漫長，其中最負盛名的是秦皇島、北戴河一直延伸到昌黎黃金海岸的海水浴場。

河北壩上草原秋色。

山海關

山海關位於山海關市區東北部，北枕燕山，南臨渤海，是明長城東部的一座重要關隘。明洪武十四年（1381）創建關城後始定名為山海關。山海關是萬里長城東部的起點，關城城高14公尺、厚7公尺、周長4000公尺，呈正方形。整個城池與萬里長城相連，以城為關。城有四門：東門面向關外，叫鎮東門；西門對關內，叫迎恩門；南門面海，稱望洋門；北門臨北疆，稱威遠門。在四個城門中，氣魄最大、保存最完整的是鎮東門，門上有箭樓，門外有甕城，「天下第一關」巨匾就高懸在箭樓簷下。關城很堅固，東門除了建有甕城外，東門箭樓兩側還築有臨閭樓、威遠堂、牧營樓和靖邊樓，形成了以長城為骨幹，以「天下第一關」為中心，「主體兩翼」、「左輔右弼」的古代城防體系。

孟姜女廟

孟姜女廟位於山海關以東約6000公尺的鳳凰山上，始建年代不詳，有始建於宋代之說，明萬曆二十二年（1594）重修。孟姜女廟又名貞女祠，是根據孟姜女哭長城的故事，建祠祭祀孟姜女的。它占地約4000平方公尺，紅牆環繞，有前後兩殿、鐘樓、振衣亭等建築。前殿內有孟姜女塑像，身著青衫，面帶愁容，遙望南海。塑像上方懸「萬古流芳」匾額，兩側柱上楹聯為「秦皇安在哉，萬里長城築怨；姜女未亡也，千秋片石銘貞」。

老龍頭

老龍頭位於山海關城南5000公尺的臨海高地上，呈半島狀伸入渤海之中。北距角山群峰8000公尺，依山襟海，長城聳峙海岸。優越的地理形勢，加上精心建造的軍事防禦工程，構成了老龍頭這座名副其實的海陸軍事要塞。其氣勢之大，海嶽天開，素有「中華之魂」的

「天下第一關」五個行楷大字，每字高達1.6公尺，筆力頓挫沉雄，別具一格。

Travel Smart

天下第一關

山海關箭樓上的橫額巨匾——「天下第一關」五個大字，傳說為明朝的蕭顯所書。此人擅長書法，遠近聞名。但他家境貧窮，無錢趕考。有一位家境也不富裕的孤老太太把一塊祖傳的古硯賣了十兩銀子送給蕭顯。蕭顯十分感激，揮毫寫下：「天下第一關」四個大字，對孤老說：「聽說皇上要給山海關東門的箭樓掛塊『天下第一關』的橫匾，我現先寫出這四個字，您到時獻上去，皇上一定會找人補寫『一』字，到時您再來找我。」不久，孤老奉旨來找蕭顯補寫『一』字。蕭顯這時已經考中做了大官了，但他仍恭恭敬敬地請孤老磨滿了一缸墨，把頭髮紮成一根「繩刷子」，在宣紙上寫下一個「一」字。

盛譽。老龍頭作為明代長城的東部起點，萬里長城從這裡入海，也從這裡開始。登上老龍頭，面對波濤洶湧、雲水蒼茫的大海，可以飽覽這獨有的海上長城雄姿；縱目澄海樓，又能欣賞那「大風吹日雲奔合，巨浪排空雪怒浮」的壯麗景象。

外八廟

外八廟位於避暑山莊周邊的東部和北部，武烈河東岸和獅子溝北沿的山丘地帶。陸續建於康熙五十二年（1713）到乾隆四十五年（1780）間，原有溥仁寺、溥善寺、普寧寺、普佑寺、安遠廟、普樂寺、普陀宗乘之廟、廣安寺、殊像寺、羅漢堂、須彌福壽之廟等12座寺廟，其中溥仁和溥善兩寺建於康熙時期，其他均建於乾隆時期。由於當時其中有8座寺廟屬清政府理蕃院管理，又位於古北口外，故稱為「外八廟」。久而久之，相沿成習，外八廟就成了這12座寺廟的代稱。這些寺廟全為宮殿式建築，宏偉壯觀，金碧輝煌，融合了漢、藏、蒙古、維吾爾等族的建築藝術，具有濃厚的民族色彩。它們如眾星捧月，環繞著避暑山莊，成為「民族團結、和為一家」的象徵。

木蘭圍場

木蘭圍場位於承德市滿族蒙古族自治縣境內，周圍500多公里，總面積1萬餘平方公里，建於清康熙二十年（1681），共有72圍（圍獵點）。北為壩上高原、南為燕山山脈，雨量充沛，森林密布，河流縱橫，適合動物繁衍，是清代帝王習武狩獵、聯絡少數民族上層

外八廟中「須彌福壽之廟」的主體建築為大紅台，由三層群樓圍繞三層殿樓而組成，平面呈「回」字形。外牆廊下築有花崗岩條石，上部砌磚，塗上紅色。壁上開有矩形窗，且真窗、盲窗相間而設，窗上裝飾有琉璃垂花罩，中為琉璃門。

人物的場所。木蘭為滿語「哨鹿」之意，是一種用木製長哨模仿鹿聲、誘捕鹿的方法。圍場建成後，康熙皇帝幾乎每年都於中秋時節率八旗官兵和王公大臣來此圍獵，稱做「秋獮」，藉此練習騎射。時間一般持續20餘天，聲勢浩大，結束時論功行賞，宴飲而慶。蒙古各部的上層人物也會集於此，康熙帝通過行獵、宴會、賞賜、召見等活動，與其修好，以鞏固邊疆。

媧皇宮及石刻

媧皇宮俗稱「奶奶頂」，位於涉縣西北鳳凰山山腰，相傳是「女媧煉石補天，搏土造人」之處，是中國最大、最早的奉祀上古天神女媧氏的古代建築。媧皇

老龍頭築於渤海之濱，伏於燕山支脈松嶺高地之上，全長674公尺。人們常把萬里長城比如成一條巨龍，那老龍頭就正是這條巨龍之首，探入渤海，如巨龍吸水，氣勢驚人。

開元寺塔基上雕有唐代風格的天王力士石刻像。

宮始建於北齊文宣帝天保年間（550～559）。現有建築135間，占地面積約76萬平方公尺。媧皇宮由四組建築組成，山腳三處建築自下而上依次為朝元、停驂、廣生三宮。媧皇宮是最高的一組主要建築，媧皇閣（三閣樓）居中，梳妝樓、迎爽樓分立左右，鐘鼓二樓南北對峙，還有六角亭、靈官閣和題有「媧皇古蹟」的牌坊等。全部建築布局合理，既和諧對稱，又不拘一格。閣外山崖上，有著名的北齊摩崖石刻。摩崖刻經共分五處，刻經文13.74萬餘字。有《法華經》、《深密解脫經》、《妙法蓮花經》、《盂蘭盆經》、《十地經》等10部真經，被譽為「天下第一壁經群」。

開元寺塔

開元寺塔位於定州市南門東側，又稱「敵塔」，始建於北宋咸平四年（1001）。據載，北宋咸平四年寺僧慧能往天竺求經，得舍利子而歸，宋真宗下詔建造此塔，

於宋至和二年（1055）竣工，歷時55年，工程浩大。當時宋與遼之間戰爭頻繁，宋朝為了防禦遼軍，常利用開元寺塔望敵情，故而俗稱「敵塔」。開元寺塔建在一個台基之上，平面呈八角形，共13層，高84.2公尺，是中國現存最高的磚塔。塔身外部，通體塗成白色。各層四面有門，塔頂雕飾著忍冬草覆鉢，上置鐵質承露盤及青銅質塔刹。

趙州橋

趙州橋位於趙縣城南的河上，因趙縣古為趙州，故稱趙州橋，又稱安濟橋。隋大業年間，由著名工匠李春等人設計建造，為敞肩式單孔並列券石拱橋，全長64.4公尺，寬9公尺，主拱淨跨37.02公尺，拱矢高7.23公尺。主拱採用「切弧」原理，擴大了通水面積，又降低了橋面坡度。橋體由28道並列拱券砌築，並用勾石、收分、蜂腰、伏石「腰鐵」連結加固，提高了整體性。兩肩各建兩個小拱，加強了洩洪能力，並減輕橋身自重。橋上有44根望柱、42塊欄板，上畫飾有龍、獸、花草等圖案。該橋設計科學，構造合理，用材精良，為世界橋梁史上的創舉，歷經千年風雨仍巍然屹立。其造型輕盈美觀，歷代文人喻之為「新月」、「玉環」、「長虹」、「蒼龍」。

形如飛虹的趙州橋。

承德避暑山莊

經典座標

承德避暑山莊是清代帝王在北京之外處理政務、消閒避暑的重要場所。它位於承德市北部丘陵地帶，原名熱河行宮，因康熙帝親筆題有「避暑山莊」的匾額而得名。它始建於清康熙四十二年（1703），於乾隆五十五年（1790）竣工，占地564萬平方公尺，是中國現存最大的古代園林，康熙、乾隆二帝曾題有72景。山莊周圍環繞著長達10公里的「虎皮牆」，園內建築物共有100餘處，按「前宮後院」規制，分為宮殿區和苑景區兩大部分。宮殿區集中在東南部，有正宮、松鶴齋、東宮和萬壑松風四組建築，是皇帝處理政務及寢居之處，布局規整對稱，樸素淡雅。苑景區又可分為湖區、山區和平原區。湖區位於山莊東南部，由上湖、下湖、鏡湖、澄湖、如意湖等湖泊組成，水面達60餘萬平方公尺，亭榭掩映，一派江南風光。平原區在湖區以北，主要景點為萬樹園和試馬埭，富有北國草原景象。山區在山莊的西部和北部，宛如屏障，占地面積為山莊的4/5，峰巒疊嶂，林壑幽靜。避暑山莊充分利用自然地勢，使人工建築與自然風光和諧地融為一體，集南北造園藝術之大成，是皇家園林的典範之一。1994年承德避暑山莊被聯合國教科文組織列入《世界遺產名錄》。

皇家園林的典範，融人工建築和自然風光為一體，
集南北造園藝術之大成。

月色江聲

銅獅

煙波致爽殿

落日餘暉中的避暑山莊

山西

🌏 行政區劃

　　山西省簡稱晉，因坐落於太行山以西而得名。介於北緯34°36'～40°44'、東經110°15'～114°32'之間。總面積15.6萬平方公里，占全國陸地面積的1.6％。分別與河北省、河南省、陝西省和內蒙古自治區為鄰，又因位於黃河以東，亦稱河東，春秋時期為晉國之地，故簡稱晉；戰國初期韓、趙、魏三國分晉，所以又稱三晉。山西省行政區劃可分為11個省轄地級市、23個市轄區、11個縣級市、85個縣。省會太原。

太原市

　　太原市是中國重工業基地之一，山西省省會，政治、經濟、文化中心。它地處山西省中部，位於黃土高原的晉中盆地北端，東、西、北三面群山圍抱，南面平坦開闊。汾河自北向南流貫其間，是歷代北部邊防重鎮，素有「控帶山河、踞天下之肩背」之美譽。太原市轄6區3縣1市，面積6988平方公里，人口434萬（2016年）。市區位於山西省中央，太原盆地北端，平均海拔約800公尺。西山一帶煤礦、地下水資源豐富，是中國重要的能源、合金鋼、重型機械和重化工基地。傳統手工藝品有蘇家琉璃製品、絲毯、地毯、并州刀剪等。另外，太原古城位於今太原南郊晉源鎮古城營，史稱晉陽、并州，歷史悠久。

雙塔位於太原市郝莊村南的雙塔寺內。兩塔規模與形式、構造完全相同，8角13級，為明萬曆年間高僧佛登奉敕修建。雙塔近500年來安然無損，已成為太原的標誌。

大同市

　　大同市位於山西省最北端，處於黃土高原東北邊緣地帶，大同盆地中心。它三面環山，北部山區屬陰山山脈；西部山區屬呂梁山脈；東部山區屬太行山脈。主要山峰有北嶽恆山，位於大同市近郊；東北部有採涼山，海拔2144公尺；西北部有雷公山、武周山；西南部有七峰山。大同境內河流有100多條，分為兩大水系：一大水系為黃河支流水系；另一水系為永定河水系。桑乾河為大同市內最大的河流。大同素有「煤海」之稱。

臨汾市

　　臨汾市位於山西省西南部，黃河中游，汾河之濱；東依太岳，西靠呂梁，中部是富饒的盆地。臨汾是唐堯古都，歷史悠久，文化燦爛，是中華民族的發祥地之一。同時，臨汾還是山西能源化工基地的重要組成部分和主要棉麥基地。臨汾煤炭資源尤為豐富，全市煤的總儲量為960億噸，主要煤種有主焦煤、氣肥煤、貧肥煤、瘦煤、無煙煤等。其中鄉寧主焦煤為中國三大主焦煤基地之一，而且煤層厚、埋藏淺，易開採。

人口、民族

　　山西省常住人口3681.64萬（2016年）。人口密度平均約為每平方公里235人。以太原等城市的人口密度最大，每平方公里超過600人。其次為晉東南、晉南、晉中、忻定的盆地區，約每平方公里200～300人。大同盆地和晉東山地各縣約100～150人。而晉西山地各縣人口密度最低，約每平方公里50～100人。全省人口以漢族為主，另有回、滿、蒙古、朝鮮、壯等34個少數民族，多散居在全省各地。漢族人口總數占全省總人口的99.17%。在省內的各少數民族中又以回族人口最多，占少數民族人口的81.7%，其次為滿、蒙古、朝鮮、壯、苗等民族。

臨汾鼓樓夜景。

🏛 歷史文化

　　山西省地處黃河中游，屬黃河流域的中原文化圈。遠在100萬年以前，中華民族的祖先就在這裡勞動、生息與繁衍。山西境內的襄汾丁村文化遺址、朔州桑乾河上的峙峪遺址都是原始文化的重要見證。黃帝斬殺蚩尤、堯王建都平陽、舜帝躬耕歷山、大禹忘我治水等優美的神話傳說都與晉南有關。《詩經》中的「唐風」、「魏風」，「情發於聲，諷喻時政，詠歎勞作」，都是來自山西土地上的勞動人民的口頭創作。在長期的民俗傳承中，山西民俗形成了古樸淳厚、粗獷豪放、多元交融、博採兼收的區域特徵，使之成為黃河民俗文化中極具代表性的類型之一。

位於山西省臨汾市南4000公尺處的堯廟裡的千年古樹，象徵了中華民族古老的根。

丁村人

　　舊石器時代中期的丁村人，在早期智人中頗具代表性。丁村人遺址在汾河中游臨汾寬谷的南端，即今天山西汾河流域襄汾丁村等地。丁村人的人骨化石頂骨較薄，門齒舌面低陷作鏟狀，很像後來的黃種人，臼齒的咬合面紋理結構介於直立人與現代人之間。從遺址可以看出，早期智人大多活動在溫和濕潤的環境中。舊石器時代中期文化較早期文化的進步主要表現在打製石器技術的不斷提高上，石器的形狀比較規整、類型比較確定，種類也有所增加，表明當時的技術和生產水準較舊石器時代早期有所提高。在丁村文化遺址中還出現了一定數量的魚類和軟體動物遺骸，說明除狩獵之外，捕魚也是丁村人重要的食物來源。

武則天

　　武則天是中國歷史上唯一的女皇帝，名曌，并州文水（今山西文水東）人。她14歲被唐太宗李世民召選入宮，封為才人，賜號「武媚」，太宗死後入感業寺為尼。高宗即位後被召

山西朔州桑乾河上游的峙峪遺址，距今約3萬年～1萬年。遺址中發現了2萬餘件石器，大多為規整的尖狀器、雕刻器等細小型石器。

入宮中，封為昭儀。永徽六年（655）高宗廢王皇后，改立武媚娘為后。自顯慶（656～661）末年起，武則天逐漸掌握了國家權力。上元元年（674）高宗稱天皇，武后稱天后，與高宗並稱為「二聖」。683年高宗去世，中宗李顯即位，武則天臨朝稱制。684年她廢中宗為廬陵王，立睿宗李旦，繼續臨朝稱制。690年武則天稱帝，改唐為周，改元天授，改東都洛陽為神都，廢睿宗皇帝為皇嗣，自以「曌」字為名，時年67歲。武則天從655年開始參與政事，到705年退位時止，前後長達50年。她上承貞觀之治，下啟開元盛世，是歷史上一位有作為的女皇帝。

司馬光

司馬光是北宋大臣、史學家，字君實，號迂叟，世稱涑水先生，陝州夏縣（今屬山西）涑水鄉人。寶元元年（1038）司馬光中進士。英宗治平二年（1065）進龍圖閣直學士，三年（1066），撰《通志》8卷，英宗看後非常重視，命令設書局繼續修撰。神宗即位，擢翰林學士，賜其所修書名為《資治通鑑》，並親自作序。王安石推行新法，司馬光極力反對，並認為祖宗之法不可變。但其意見未被採納，於是出知永興軍。熙寧四年（1071），司馬光改判西京（今河南洛陽東）御史台，從此退居洛陽15年，全力編修《資治通鑑》。元豐七年（1084）書成，歷時19年。

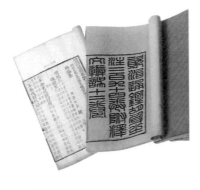

《資治通鑑》編寫的目的是「鑑前世之興衰，考當今之得失，足以懋古之盛德，躋無前之至治」。全書294卷，上起周威烈王二十三年（前403）三家分晉，下迄五代之末（約960），共12代，1362年，是一部價值極高的編年史巨著。

頂部較平坦，周圍溝谷環繞，切割輕微的黃土地貌形態，稱為黃土原。它還有另外一種形態是黃土台原，多分布於河谷沿岸沖積、洪積和坡積形成的高階地，地形較平坦。

⛰ 地貌

山西省處於中國黃土高原東部，通稱山西高原。山區面積約占全省總面積的69%，東部以太行山脈為主形成塊狀山地，西部是以呂梁山為主骨的黃土高原。境內地形高低懸殊，最高為五台山的北台頂，海拔3061.1公尺，是華北第一高峰。全境地勢與其東側華北平原和西側陝北高原比較，呈整體隆起。在高原中央插進了包括大同、忻州、太原、臨汾、運城五大盆地在內的一列雁行排列的斷陷盆地。盆地帶以東是以太行山、恆山、五台山、太岳山、中條山等為主體的山地和構造高原，以西是以呂梁山為主體的山地和晉西黃土高原。

太原盆地

太原盆地是太岳山、繫舟山和呂梁山之間的典型北東向斷陷盆地。由汾河及其支流的沉積物堆積而成的沖積平原，包括汾河支流在山前形成的沖積扇和汾河兩岸的沖積平原組成。太原盆地是山西高原最重要的經濟中心。該盆地長200多公里，寬12～40公里，面積5050平方公里，海拔700～800公尺。汾河縱貫其間。盆地內地形平坦，土質適宜、水分條件好，是山西省主要的農業區。

呂梁山

呂梁山位於山西省西部，係黃河與汾河的分水嶺。呈

一望無垠的山西大草原植被茂密。

東北─西南走向，大致與太行山相平行。呂梁山脈北起管涔山，南止龍門山，延伸約400公里。主峰關帝山海拔2830公尺。地質構造上為呂梁背斜，處於山西台地的西部，中間為紫荊山大斷層所分隔。燕山運動以來，呂梁背斜向北延伸，分為兩支：一支向正北往五寨、神池一帶延伸，為管涔山、蘆芽山；另一支向東北，往原平延伸，為雲中山，與五台斷塊有相接之勢。西翼有和緩的小向斜，地形平坦，未經強烈切割，其上黃土堆積甚厚，水土流失嚴重，使黃河含沙量劇增。

恆山

北嶽恆山與東嶽泰山、西嶽華山、南嶽衡山、中嶽嵩山並稱為「五嶽」。恆山位於山西省北部，是海河支流桑乾河與滹沱河的分水嶺，東西綿延250公里，號稱「108峰」。它西銜雁門關，東跨太行山，南障三晉，北瞰雲代二州，莽莽蒼蒼，橫亙北國塞上。恆山主峰，居於山西渾源縣城南，海拔2016.1公尺，山高為五嶽之冠。傳說，「八仙」之一的張果老就是在恆山隱居後修煉成仙的。西漢初年，恆山就建有祠廟。位於飛石窟內的主廟，始建於北魏，後經唐、金、元歷代重修，

黃土高原溝壑縱橫，間有斷陷盆地，地勢高低起伏較大。圖為典型的山西黃土高原地貌。

到了明清，恆山的建築群規模宏大，人們概括為「三寺四祠九亭閣，七宮八洞十二廟」。渾源縣境內主峰四周的寺廟亭台多達100餘處。

太行山

太行山位於山西高原與華北平原之間，東北—西南走向。太行山北起拒馬河谷，南至晉、豫邊境黃河沿岸，海拔在1000公尺以上，最高達2882公尺。太行山南段自滹沱河以南基本上呈南北走向的背斜，背斜軸部為前震旦紀片麻岩、片岩和古生代堅硬的石灰岩，形成高聳的嶺脊，海拔1500～2000公尺。太行山中多雄關，如紫荊關、娘子關、虹梯關、壺關、天井關等。山地東側為一明顯的南北走向斷層，形成近1000公尺的斷層崖壁，從華北平原仰望，形勢雄偉。東坡坡下，出現一些小盆地，如林州盆地、武安盆地和井陘盆地。太行山西側，坡度和緩，呈高原形態。太行山北段為一複式背斜、軸部廣泛露出太古界的變質岩，受河谷切割作用影響，多橫谷（陘），為東西交通孔道，古有「太行八陘」之稱。

Travel Smart

精衛填海

精衛是古代神話中的小鳥。傳說，炎帝的小女兒——女娃，不幸在東海被淹死。後來，她的靈魂化為精衛，常衡西山的小石塊、小樹枝去填東海。精衛衡石填海的地方在今天山西省長子縣的發鳩山。古時候曾經發生過幾次大範圍的「海侵」（海岸線向陸地推進）。今天從發鳩山的許多地質現象來看，很可能那時候它就處在東海之濱，因此也就有了「精衛填海」這段神話。

雲霧籠罩下的太行山。

汾河雪景。

🐦 水系

山西省境西部與南部河流屬黃河水系，有黃河支流汾河、沁河、涑水河；北部與東部屬海河水系，有永定河上游支流桑乾河、滹沱河等。黃河幹流流經本省西部邊界及西南邊界，龍門的年徑流量為381億立方公尺。支流以汾河最大。受降水影響，各河徑流年內分配不均，汛期6月～9月水量占全年的1/2。境內著名神頭泉、辛安泉、娘子關泉、郭莊泉、廣勝寺泉、龍子祠泉、上蘭村泉、晉祠泉、柳林泉、馬山泉、三股泉等。

汾河

汾河是黃河支流，發源於山西寧武縣管涔山，自北面向南穿越山西47個縣，於萬榮縣入黃河。汾河全長659公里，流域面積39471平方公里，是黃河的第二大支流。流域北部約占流域面積29%的地區是山區和土石山區，其中土石山區植被不好，水土流失嚴重。中游包括太原、臨汾盆地在內的大約27%的流域面積屬於河谷川地區，是富裕農區，黃土丘陵區約占流域面積的44%。流域內年平均降水量500～600公釐，多集中在7月～9月。年輸沙量約0.28～0.71億噸。源頭至太原上蘭村為上游，河長217公里，流經地區多為山區和黃土丘陵區，水土流失嚴重，為全河洪水和泥沙的主要來源區。下游河長332公里。較大支流有洪安澗河、曲亭河等。流域內有豐富的煤、鐵、銅、鋁等礦產資源。汾河流域農業開發早，是中國古人類和古文化發祥地之一。

☁️ 氣候

山西屬大陸性季風氣候，季節變化明顯，地區差異大，垂直差異大於水準差異。南部運城盆地和沿黃河谷地熱儲量豐富，屬暖溫帶；北部右玉熱量最低，屬溫帶。省內暖溫帶與溫帶的分界線大致為恆山—內長城一線，此線以北極端低溫多在−27℃以下，冬小麥難以越冬。山西各地歷來降水量懸殊，季節分配不均，地表又缺乏植被，故旱情普遍。

🌳 自然資源

山西省是馳名中外的煤炭之鄉，唐代山西採煤已很普遍，近年山西煤產量約占全國總產量的1/4。山西的礦產資源除煤炭外，鋁、鐵、銅、石膏、鹽等儲藏量也居全國前列。此外，還有硫、鉛、鋅、黃金、鈷、雲母等礦藏。省內原始植被幾乎全遭破壞，多為次生植被。省境東南部為落葉闊葉林和針闊葉混交林。野生動物資源種類甚多。

山罌粟

山罌粟屬罌粟科，多年生草本，全體被粗硬毛。葉基生，長7～20公分，羽狀全裂。花頂生，橘黃色。花期6月～7月。特產於山西五台山、河北、湖北、陝西、甘肅。生於海拔1700～3000公尺的山坡草地。

黃河從山西北端的第一村——憨牛灣村的老牛灣撞開了山西的大門，然後轉而奔流向南。

褐馬雞

褐馬雞又叫角雞、黑雉，全身羽毛濃褐色，頭和頸灰黑色，兩頰無羽呈鮮紅色，耳後有一簇白色羽毛，朝頭後伸出，似角狀，故稱角雞。其尾羽發達，長而蓬鬆，共有22枚。褐馬雞棲息於山地林區。平時褐馬雞常有10～30隻，多至40～50隻成群活動。

脫皮榆

脫皮榆屬榆科，落葉小喬木，高達10公尺。樹皮灰色或灰白色，裂成不規則薄片脫落，皮孔明顯。幼枝呈紫褐色。花同幼枝一起自混合芽抽出。脫皮榆主要分布於山西、河北、內蒙古。

烏金之鄉

山西被稱為「烏金之鄉」。5億年前的山西曾是一片海洋，後來上升為陸地。在距今3億年左右裸子植物繁盛的時期，山西炎熱潮濕的氣候滋長了大片的森林，隨著地殼下沉，植物遺體被泥沙掩埋，才形成了今天儲量豐富的煤。

經濟

山西省是中國內地工業較發達的省分，重工業占優勢，是中國最大的煤炭能源基地，煤的儲量分布由北向南，逐級遞減。山西省耕作業以雁門關為界分南北兩部分：雁門關以北作物一年一熟，以耐乾旱蓧麥、胡麻為主；雁門關以南地區作物兩年三熟，種植冬小麥、玉米、高粱、花生和棉花等。汾河下游平原、運城盆地是山西省重要的麥棉產區。畜牧是農村的重要副業，晉西北尤為普遍。

褐馬雞的這身打扮，像是鳥類王國中的大家閨秀，顯得溫文爾雅。

晉北秋色。

農業

根據山西省的農業自然經濟條件和生產特點的地域差異性，可將全省分為七個農業區：晉南區，包括運城地區和臨汾盆地各縣；晉中區，太原盆地和忻定盆地各縣；晉東南區，晉東南地區和安澤縣；晉東區，五台山到太行山的晉東北各縣；晉北區，大同盆地和靈丘、廣靈盆地；晉西北區，管涔山——呂梁山以西至黃河沿岸一帶；晉西區，右玉至婁煩的管涔山蘆芽山區。種植業以糧食作物為主，小麥、玉米是山西的主糧。晉南盆地各縣是商品麥主產區。山西中南部多種植冬小麥，五台山—雁門關—蘆芽山—紫金山以北熱量低，為春麥區。玉米種植面積和產量在山區居第二位。

工業

山西工業以採煤、電力、冶金、機械為主，重工業實力雄厚。山西煤炭企業分為國有重點煤礦和地方煤礦兩

山西的畜牧業以飼養大牲畜和豬羊為主。其中牛占大牲畜的1/2以上，多為役畜。體型高大的萬榮大黃牛最有名。

大系統。國有重點煤礦有大同、平朔、陽泉、西山、汾西、潞安、晉城、軒崗和太原煤炭氣化公司等七局二公司。山西省電力充足，是全國擁有裝機百萬千瓦以上電廠最多的省分。1993年，山西能源工業開始實施由單一輸煤到輸煤輸電並舉的戰略轉變，重點新建、擴建一批以30萬、60萬千瓦機組為主的大型坑口電站。同時，電網建設相應加快。山西在華北電網中居於舉足輕重的地位，是全國向省外輸電最多的省分。山西已初步形成了現代化的工業生產體系。

交通

從山西境內穿境而過的同蒲鐵路與京包、太焦、石太、京原、大秦、侯西、鄲長、侯月鐵路相連接構成通往境外的交通網。鐵路通車里程達2500多公里。鐵路專用線350條，總長850多公里；專用鐵路40多條，總長730多公里。高鐵則有石太高鐵和大西高鐵兩條線路。省級公路網總里程3100多公里，而且通過太舊高速公路與省外路網相連接。民航線路也有約40條。太原、大同、陽泉、長治、晉城等幾個中心城市經濟繁榮，已初步形成對外開放格局。

山西省河津市黃河鐵橋。

✈ 旅遊地理

山西省境內複雜多變的地質、地貌、水文、氣象條件，造就了山西豐富的自然景觀，尤以「一窟兩山一水」而聞名。「一窟」，指雲岡石窟；「兩山」，為五台山、恆山；「一水」，是芮城大禹渡到河南三門峽的「黃河遊」。山西又是中華民族文明的發祥地之一，歷史悠久，素有「中國古代藝術博物館」、「文獻之邦」的美稱。山西現存古代建築數量之多，歷史、藝術價值之高都居全國前列。自然美景、歷史文明，共同構成了山西得天獨厚，古今兼備、多姿多彩的旅遊資源。

山西平遙雙林寺千佛殿內的五百菩薩彩塑，分為五至六層，各彩塑像或駕祥雲，或騎異獸，形態各異，姿態萬千，與主像相照應，渾然一體。

雲岡石窟

雲岡石窟位於大同市西邊16公里的武周山南崖，石窟建在武周山麓，其最高處叫雲岡，因此得名。雲岡石窟以巍峨雄偉冠絕於世，是中國三大石窟之一，與敦煌莫高窟、洛陽龍門石窟齊名。在時間上，它受到敦煌藝術的影響，又是洛陽龍門石窟的前導，有著極高的藝術價值，在世界文物寶庫中占有重要地位。2001年，雲岡石窟被聯合國教科文組織作為文化遺產列入《世界遺產名錄》。現存主要洞窟53個，有主洞21個，石雕像5.1萬多尊。這些依山開鑿的洞窟，櫛次陳列在武周河北岸，東西延伸1000公尺，大、中、小各式石窟像蜂窩密布，疏密有致地嵌貼在雲岡半腰。從這裡可見古代勞動人民巧奪天工的藝術才能。他們憑藉錛鑿錘斧一類的原始工具，給予岩石永久的生命力，成為被世人讚歎的偉大文化創造。

崇信佛教，將「禮佛」與「忠君」結合起來以鞏固統治是雲岡石窟雕造的歷史背景。按時代早晚可分為三期。三期的造像特徵、窟龕形式構造、題材布置、雕造技巧都各具特色。

雙林寺

雙林寺位於平遙古城西南6000公尺處的橋頭村，原名「中都寺」，此地本為遼國中都故城所在，因之得名。

宋代時因取佛祖釋迦牟尼涅槃之地即「雙林入滅」之意，而更名為雙林寺。雙林寺現有大小殿宇10座，組成前後三進院落。除山門外，中軸線上排列有天王殿、釋迦殿、大雄寶殿、娘娘殿。前院兩廂配有羅漢殿和閻王殿。釋迦殿兩邊鐘、鼓二樓對峙；中院千佛、菩薩殿左右相對。各殿布滿彩塑，大者丈餘，小者尺許，共計2052尊，色彩豔麗，造型生動。雙林寺彩塑在中國雕塑藝術史上久負盛名，被藝術家們譽之為「集宋、元、明、清歷代彩塑於一體的藝術寶庫」。

晉祠

晉祠位於太原市西南25公里的懸甕山麓，背山面水，坐西向東。晉祠古建築群分中、北、南三部分。中部從新大門入口，自水鏡台起，依次經會仙橋、金人台、對越坊、獻殿、鐘鼓樓、魚沼飛梁到聖母殿，為全祠主體。北部從文昌宮起，有東嶽祠、關帝廟、三清祠、唐叔祠、朝陽洞、待鳳軒、三台閣、讀書台和呂祖祠，建築物大都隨地勢自然錯綜排列，以崇樓高閣取勝。南部從勝瀛樓起，有白鶴亭、三聖祠、真趣亭、難老泉亭、水母樓和公輸子祠。晉祠最著名的建築是聖母殿，為紀念姬虞之母邑姜所建。殿內有形象生動、神情

各異的彩塑侍女像43尊，是研究宋代雕塑藝術和服飾的珍貴資料。聖母殿右側，是千年古樹「臥龍周柏」。「難老泉」出自斷岩層，終年湧水，因此得名。周柏、難老泉、侍女像並稱「晉祠三絕」。

應縣木塔

應縣木塔是遼代木構佛塔，又稱「佛宮寺釋迦塔」，位於山西應縣城內，建於遼清寧二年（1056）。塔的平面為八角形，塔身外觀是五層六簷，曾歷經七次大地震而安然無恙。塔的內外兩道八角形木結構框架用大樑斗拱相互拉結。全塔未用一個鐵架，全靠斗拱架把所有木構結合成完整穩固的整體，為中國建築史上一大奇蹟。應縣木塔是世界上現存最高大的古代木構建築。

晉祠內的侍女像表情刻畫細膩，神態栩栩如生。

古代應縣地處遼、宋交界地區，雙方爭戰激烈。為了仿效宋方在定州修建望塔以監視敵方的做法，遼方在應縣也修建了這座高大的木塔。

五台山在五台縣境內，由五座峰巒環抱而成，東台名望海峰，西台名掛月峰，南台名錦繡峰，北台名葉斗峰，中台名翠岩峰。

懸空寺

懸空寺坐落在山西渾源縣城南5000公尺，北嶽恆山下金龍口西岩峭壁上。懸空寺始建於北魏晚期（約6世紀），金、元、明、清屢有修葺。懸空寺共有殿宇樓閣40間，建造時在陡崖上鑿洞穴，插懸梁為基，樓閣之間有棧道相通。全寺最高處的三教殿，三層九脊，其荷載分別由每層插入崖石的木梁承擔，而木梁與層間主柱以及嵌固在峭壁上的斜撐相互連接成一整體，使結構具有極好的穩定性。懸空寺不僅建造驚險奇特，而且位置布局、形式、構造、裝飾，都是對稱之中有變化，分散之中有聯繫，參差有致，虛實相生。遠遠望去，猶如一群上不著天，下不著地的層樓飛閣，鑲嵌在萬仞峭壁之間，令人歎絕。

五台山

五台山屬北嶽恆山山脈，北望恆山，西望代縣雁門關，地跨五台縣、代縣、繁峙縣和河北省的阜平縣，自東北至西南走向，縱長100公里，由東南西北中五座環抱而立的峰頂組成。五座峰頂雖高卻平，故名「五台」。其中北台峰頂海拔3061.1公尺，是華北地區最高峰。據明《清涼山志》載，東漢永平年間，印度僧人來中國傳教，稱五台山為文殊菩薩的道場，奏請漢明帝在此建寺，並認為五台山與印度靈鷲峰相似，故將五台山第一座寺廟起名大孚靈鷲寺，即今顯通寺。自此，五台山便成為中國的佛教中心之一。五台內外寺廟林立，主要有塔院寺、佛光寺和殊像寺等。據載，寺院最多時曾達306座，現僅存47座。

五台山寺廟中的木魚。

壺口瀑布

壺口瀑布是中國黃河幹流上唯一的大瀑布，位於山西吉縣西45公里處的晉陝峽谷中。黃河巨流從17公尺高處跌入只有30～50公尺寬的石槽裡，激流澎湃，聲震數里，好像一把特大茶壺向外倒水，形成了「源出崑崙衍大流，玉關九轉一壺收」的景象，故名「壺口瀑布」。壺口瀑布的寬度隨季節變化，通常在30公尺左右，到汛期黃河水量大時可擴展到50公尺，瀑布垂簾，水霧煙雲，隨著水霧的升高，「煙雲」由黃變灰，由灰變藍，景色奇麗。由於壺口瀑布是飛流直下的懸瀑，從古代直到中華人民共和國成立初期，凡是路過壺口的船隻，都必須拉縴上岸，繞過瀑布重新下水，故存有「旱地行船」的歷史遺跡。壺口瀑布是由於地殼運動，岩層斷裂，形成階梯狀斷層，從而引起跌水現象。原來瀑布的位置在壺口下游的龍門一帶，因河床經不起巨大的水力沖積，瀑布便以每年3～4公分的速度向上游後退，從龍門到壺口共移了65公里。壺口瀑布僅次於貴州黃果樹瀑布，為中國第二大瀑布。

平遙古城

平遙古城位於山西省中部，是一座具有2700多年歷史的文化名城。始建於西元前827年至西元前782年間的周宣王時期，為西周大將尹吉甫駐軍於此而建。自西元前221年起，平遙古城歷盡滄桑、幾經變遷。經明、清兩代不斷擴建修補，此為現存最完整的一座明清時期中國古代縣城的原型。迄今為止，古城內現存的4000處古代和近代民居建築中，有400餘處典型的體現著中國古、近代北方民居建築的風格和特點。建築基本保持完好，有「中國古建築的薈萃和寶庫」之稱。1997年平遙古城被列入《世界遺產名錄》。

平遙古城。

平遙古城民居門樓。

永樂宮的各殿內四壁和拱眼壁上，滿繪壁畫，氣魄宏偉，畫藝精湛，總面積1005.68平方公尺，規模之大是除敦煌之外全國罕見的。

華嚴寺

華嚴寺位於大同市的西部，是依據佛教的七大宗之一——華嚴宗的經典《華嚴經》而修建的，故名華嚴寺。寺始建於佛教華嚴宗盛行時的遼代，內曾供奉遼代諸帝石像、銅像，當時還具有遼皇室祖廟性質。寺內主要建築有大雄寶殿（上寺）和薄伽教藏殿（下寺），其建築、塑像、壁畫、壁藏、藻井等，都是中國遼代藝術的典範。上華嚴寺俗稱上寺，是以大雄寶殿為主體的一組建築，在華嚴寺北隅。大雄寶殿始建於遼代清寧八年（1062），面積1559平方公尺，是中國現存遼、金時期最大的佛殿。殿內四壁滿布清代繪製的21幅巨型壁畫，色彩豔麗，保存完好，面積僅次於芮城永樂宮。下華嚴寺坐落於上寺的東南側，以遼代建築薄伽教藏殿為主，大同博物館就設在下華嚴寺。

永樂宮

永樂宮位於山西芮城縣西永樂鎮，故名永樂宮。它是道教全真派的重要宮觀，元代稱大純陽萬壽宮，是集元代建築、繪畫、雕塑諸藝術於一區的重要古建築群。永樂宮發現於1953年，1959年因修建三門峽水庫，移至山西芮城縣北郊龍泉村，按原狀重建。該宮觀縱深230公尺，主要建築均位於中軸線上，除臨街宮門為清代建築外，皆為元朝所建，依次為宮門、龍虎殿、三清殿、純陽殿、重陽殿。龍虎殿又稱無極門，基址呈凹形，殿闊5間，進深6間。中柱上3間安門，門上懸「無極門」豎匾一方。殿內後部兩梢間壁畫內容為神荼、鬱壘、神將、神吏、城隍、土地等諸神。三清殿，又名無極殿，為永樂宮主殿。殿內四壁布滿壁畫，面積403.34平方公尺，畫面上有人物286個，為諸神朝拜道教始祖元始天尊的場面。主像高達3公尺多，侍者2公尺餘。人物前後排列四五層，主次分明，畫面浩大，被稱為「朝元圖」。純陽殿，又名混成殿，亦稱呂祖殿。面闊5間，進深3間。殿內奉呂洞賓，因呂道號「純陽子」，故名純陽殿。殿內壁畫為「純陽顯化圖」。

華嚴寺中的薄伽教藏殿是寺內的代表建築，大殿結構嚴謹，形式、構造穩健，風格古樸，樓閣雕工精巧，彩繪細緻。殿內四壁排列著重樓式雕木藏經閣38間，這些精巧玲瓏的木構模型，被著名建築學家梁思成稱為「海內孤品」。

壺口瀑布。

晉商與大院文化

晉商俗稱「山西幫」，亦稱「西商」、「山賈」，始於宋，鼎盛於明清，明代就與徽商齊名，馳騁商場數百年。他們大多少時就離家而走南闖北，信守「寧商而不仕」、「發財還家蓋房、置地、養老少」等鄉俗，由此形成了獨具地方特色的「晉商文化」。而山西的這些晉商大院便成為這些具有商業烙印的中國北方傳統家族的承載與再現。山西大院主要分布在晉中的太谷、平遙、祁縣、介休、榆次、陽泉，晉北的保德、大同、渾源，晉東南的沁水、陽城和晉南的臨汾、襄汾等地，完整地保留了山西晉商的民俗文化與商人及士大夫的文化觀念及價值取向。大院的總體布局，充滿了民間吉慶祥和的氣氛。山西大院建築頗具特色，一是外牆高；二是主要房屋都是單坡頂，無論廂房還是正房，是樓房還是平房，雙坡頂的不多；三是院落多為東西窄、南北長的長方形布局，院門多開在東南角。房屋裝飾更能顯示出官商和民商的區別。如宅屋脊上飾有鴟吻，如曹家、王家、渠家的是張嘴脊獸，喬家則為閉口獸。這些建築表述了文字語言所無法言傳的內涵，是器物、制度與觀念的集中體現。山西大院更是制度、觀念和社會習俗的承載，言表著晉商文化的內涵。

王家大院

喬家大院

曹家大院

王家大院

王家大院位於介休市靈石縣靜升村北端的黃土丘上，是太原王氏後裔——靜升王氏的住宅建築群。大院先後建於清康熙、雍正、乾隆、嘉慶年間，有東大院、西大院、孝義祠三部分，總面積達34450平方公尺。院內隨處可見木雕、磚雕、石雕，從屋簷、斗拱、照壁、獸吻到神龕、石鼓、門窗等均構思奇妙，造型逼真。

喬家大院

喬家大院位於祁縣東觀鎮喬家堡村，是清代赫赫有名的商業金融資本家喬致庸的宅院，原名「在中堂」，是山西省反映晉中地區民俗民風的博物館。喬家大院占地8724.8平方公尺，建築面積3870平方公尺，有院落19進，房屋313間。從高空俯視整個院落布局，很似一個象徵大吉大利的「囍」字。素有「皇家有故宮，民宅看喬家」之說。

曹家大院

曹家大院位於太谷縣城西南的北恍村東北角，是明清的晉商巨富北恍曹家的一處「壽」字形宅院，占地10638平方公尺。該院外觀雄偉高大，形似城堡，現存房舍277間，建築風格古色古香，尤以按「福」「祿」「壽」「禧」字形建造的四座大院最具代表性。倖存下來的「壽」字形宅院，俗稱「三多堂」，現已闢為博物館。

王家大院

王家大院

內蒙古

華北

🌐 行政區劃

內蒙古自治區位於中國北部邊疆地區，簡稱內蒙古，介於北緯37°24'～53°23'、東經97°12'～126°04'。自治區東鄰黑龍江、吉林、遼寧三省，西與甘肅、寧夏接壤，南靠河北、山西、陝西三省，北部和東北部分別與蒙古、俄羅斯交界，國境線長4200多公里。自治區境最寬處1700多公里，最長達2400多公里，面積118.3萬平方公里，占全國總面積近1/8。內蒙古自治區轄3個盟、9個地級市、11個縣級市、22個市轄區、17個縣、49個旗、3個自治旗。首府呼和浩特市。

呼和浩特市

呼和浩特市，簡稱呼市，為內蒙古自治區首府。「呼和浩特」是蒙古語譯音，意為「青色城市」。位於自治區中部，南以長城為界與山西省接壤，面積17271平方公里，人口308.9萬（2016年），漢族占多數，有蒙古、回、滿、藏、達斡爾等33個少數民族。呼和浩特市轄新城區、回民區、玉泉區、賽罕區4區及土默特左旗、托克托縣、和林格爾縣、清水河縣、武川縣4縣1旗。轄區北跨大青山，南據蠻漢山，中占土默川。最高峰為大青山中的金鑾殿山峰，海拔2280.3公尺，市街區海拔1000公尺。黃河中段流經市境西南界，境內河流均為黃河水系，有大黑河、什拉烏素河、清水河、寶貝河、渾河等。工業以毛紡、食品、電子、化工、建材為支柱產業。毛紡織品、民族特需用品為傳統的名特產品。農業主產小麥、玉米、高粱、穀子、蓧麥、馬鈴

薯，特產紫皮蒜、紅辣椒、大蔥。以丁香花為市花。

包頭市

包頭市為中國國家鋼鐵基地，是內蒙古自治區最大的工業城市。「包頭」是蒙古語譯音，意為「有鹿的地方」。包頭市位於自治區中部，黃河之濱，烏拉山與大青山前昆都倫河沖積扇上，距呼和浩特180公里，面積27768平方公里，人口285.75萬（2016年）。市政府駐昆都侖區，轄昆都侖、青山、東河、石拐區、白雲鄂博礦區、九原區等6區以及土默特右旗、達爾罕茂明安聯合旗和固陽縣。包頭市礦藏有鐵、稀土、鈮、黃金、煤等，其中稀土資源儲量豐富。工業有鋼鐵、機械製造、製糖、紡織、電力、皮革加工等行業。包頭市北150公里處有白雲鄂博礦區，以產鐵著名。20世紀50年代以來，隨著礦區開發和包頭鋼鐵公司的建設，包頭市已發展成「草原鋼城」。

滿洲里市

滿洲里市是呼倫貝爾市所轄的縣級市，是中國重要的陸運口岸，素有「歐亞大陸橋橋頭堡」之稱。位於內蒙古自治區境東北部，西、北與俄羅斯相鄰。滿洲里市轄1個礦區10個街道1鎮。面積730平方公里，人口25萬（2016年）。滿洲里，蒙古語為布努金寶拉奇，意即「泉水旺盛之地」。海拉爾河、額爾古納河、達蘭鄂羅木河三河於此交匯。地勢中部高，東西部低，屬於低山丘陵漫崗地勢，海拔550公尺。市內有煤、石灰石、麥飯石、珍珠岩、膨潤土等礦產資源，其中有近百年開採

蒙古族人飲茶用的茶壺。

「天蒼蒼，野茫茫」，在蒼天碧草之間的蒙古包是蒙古族同胞的住所。

史的札賚諾爾煤礦，褐煤儲量為101億噸。市境南瀕中國第五大湖呼倫湖，水域有魚類30餘種。（哈爾）濱（滿）洲（里）鐵路和301國道橫貫市境並與俄羅斯相通，國際列車經滿洲里開往歐洲國家。

人口、民族

　　內蒙古自治區有蒙古、漢、滿、達斡爾、朝鮮、鄂溫克、鄂倫春等10多個民族，共有2520.1萬（2016年）餘人，各地區人口密度與民族構成極不平衡。區內各民族除漢族外，以蒙古族最多，約占全區人口的17.7%，其中4/5聚居東部，文化水準較高。中部土默特農區的蒙古族多從事種植業，生活習俗近似山西，多講漢語。回族占全區人數的0.87%，多居住在呼包一帶的城鎮及工礦區。達斡爾族占全區人口的0.32%，絕大部分聚居在呼盟的莫力達瓦達斡爾族自治旗。

蒙古族

　　蒙古族主要聚居在內蒙古自治區和新疆、青海、甘肅等省區，有人口598.2萬（2010年）。「蒙古」意為「永恆之火」，蒙古族別稱「馬背民族」，最早見於唐代，史稱「蒙兀室韋」，源於古代望建河（今額爾古納河）流域的一個部落。840年，回鶻汗國崩潰後，該部大舉西遷，逐漸與留在蒙古高原的突厥語族後代融合。12世紀時，這部分人繁衍並分布於今鄂嫩河、克魯倫河、土拉河上游和肯特山以東一帶，組成部落集團。當時，同在蒙古高原上的還有三個使用蒙古語言的部落和三個信奉景教的蒙古化的突厥部落。出現階級分化後，蒙古貴族不斷地進行權力之爭，到12世紀，出現了包括蒙古的五大對抗集團。蒙古部族的首領鐵木真統一蒙古諸部後，於1206年被推為蒙古大汗，號成吉思汗，建立蒙古汗國。從此，蒙古地區諸部逐漸融合為一個新的民族共同體——蒙古族。蒙古族有自己的語言文字。語言屬阿勒泰語系蒙古語族，分為內蒙古、衛拉特、巴爾虎布里亞特三種方言。文字是13世紀初用回鶻字母創制的，後經本民族語言學家多次改革，現已規範化。在長期的歷史發展過程中，蒙古族人不斷總結生產生活中的各種實踐經驗，同時學習、吸收和借鑑其他民族的優秀成果，經濟由單一的牧業轉入農牧業結合生產，蒙古族人民的生活水準有大幅的提高。

滿洲里火車站承擔著中俄貿易60%的陸路運輸任務。

穿著棉衣、戴著皮帽的蒙古族小孩。

鄂溫克族

鄂溫克族主要分布於內蒙古自治區呼倫貝爾市的鄂溫克族自治旗以及黑龍江省訥河市等地，有人口3.1萬（2010年）。「鄂溫克」是民族自稱，意為「住在大森林中的人們」。鄂溫克族有自己的語言，無本民族文字。過游獵生活的鄂溫克人，善於用樺皮和蘑菇為原料，刻剪成各種飛禽走獸，喜歡唱歌、舞蹈。

達斡爾族

達斡爾族主要分布於內蒙古自治區莫力達瓦達斡爾族自治旗、鄂溫克族自治旗，少數居住在新疆塔城市，有人口13.2萬（2010年）。達斡爾族族源尚無定論，主要有土著說和契丹後裔說兩種意見。最初，達斡爾人分布在外興安嶺以南精奇里江河谷與東起牛滿江、西至石勒喀河的黑龍江北岸河谷地帶。17世紀中葉以後，由於沙俄入侵被迫內遷，後因

鄂溫克族人的主要經營方式是以游牧為主，結合畜牧業發展多種經濟方式，善於捕獵的鄂溫克人也經常外出打獵。

清政府徵調戍邊，形成現在的分布情況。達斡爾族有自己的語言，達斡爾語屬阿勒泰語系蒙古語族，無本民族文字。

鄂倫春族

鄂倫春族主要分布於內蒙古自治區呼倫貝爾市鄂倫春自治旗、扎蘭屯市、莫力達瓦達斡爾族自治旗，以及黑龍江省呼瑪、遜克、黑河、嘉蔭等縣市，有人口0.9萬（2010年）。鄂倫春人明末清初時游獵於黑龍江以北地區，與達斡爾、鄂溫克等族同被稱做「索倫部」。17世紀中葉以後，因沙俄入侵，他們逐漸遷移到現在的分布地區。鄂倫春族有自己的語言，無本民族文字。多數人信仰薩滿教，也有多神信仰。

📖 **Travel Smart**

斜人柱

「斜人柱」是鄂倫春語，意為「木桿屋子」。它是一種用二三十根5~6公尺長的木桿和獸皮或樺樹皮搭蓋而成的很簡陋的圓錐形房屋。斜人柱的搭建十分簡單：先用幾根頂端帶枝杈、能夠相互咬合的木桿支成一個傾斜度約60度的圓錐形架子，然後將其他木桿均勻地搭在這幾根主架之間，使之形成一個傘狀的骨架。上面再覆蓋上皮或樺樹皮，一架夏可防雨、冬能禦寒的「斜人柱」就建成了。斜人柱的頂端要留有空隙，以便裡面生火時通風出煙，又可採光。南側或東南還要留出一個讓人出進的門。斜人柱結構簡單，拆蓋極為容易，所用原料幾乎俯首即得。它是鄂倫春族游獵生活的產物。目前，這種較為原始的活動性住房只有在秋冬季外出狩獵時才偶爾搭建，用以棲身或暫避風寒。

鄂倫春婦女善於在皮製品和布製
品上刺繡，尤其擅長用樺樹皮製
作各種器皿。圖為正在製作樺樹
皮船的鄂倫春族人。

歷史文化

內蒙古自治區是中華民族古老的文化搖籃之一，留下了著名的「河套文化」、「大窯文化」、「紅山文化」等遺跡。內蒙古是古代中國北方少數民族生息繁衍的地方，從西元前8世紀到西元13世紀，先後有匈奴、東胡、鮮卑、突厥、契丹、女真等10多個游牧部族在此建立政權。這些政權或雄踞北疆、或問鼎中原、或統一中國，長期與漢族文明不斷地衝突、交流、融合。西元13世紀初，鐵木真統一了蒙古各部落，正式建立了「蒙古汗國」。

河套文化

黃河流到寧夏、內蒙古與山西之間，北屈、東折又南行，形成一個大套，俗稱「河套」。河套人及其創始的「薩拉烏蘇文化」，則地處河套中部支流無定河流域。黃河是中華民族誕生成長的搖籃，而河套人在距今5萬年前便已生活在這個搖籃之中。河套人化石，發現於無定河支流的薩拉烏蘇河岸邊嘀哨溝，有人類頂骨、額骨、枕骨、肱骨、股骨、脛骨等20餘件化石，其中有6件是從晚更新世原生地層裡發掘出土的。「薩拉烏蘇文化」的石器多採集於大溝灣，石器偏於細小，製作技術進步，其中以圓頭刮削器、小雕刻器和楔形石核等最典型。

成吉思汗

成吉思汗是蒙古開國君主、著名軍事統帥，名鐵木真，1162年生於蒙古貴族世家。約在1170年，其父被塔塔兒人毒死，鐵木真便在草原上四處流浪。蒙古部主忽都剌汗死後，蒙古部眾大都在札木合控制之下，鐵木真投靠札木合後招徠人馬，待羽翼成熟時脫離札木合，建立自己的勢力。鐵木真在部落爭戰中善於利用矛盾，縱橫捭闔，逐漸擺脫了臣屬地位。1204年，鐵木真消滅了乃蠻部太陽汗的勢力，成為蒙古高原最大的統治者。1206年，鐵木真在斡難河（今蒙古鄂嫩河）源召開忽里台大會，即蒙古國大汗位，號成吉思汗。

忽必烈

忽必烈是元朝的創建者，拖雷正妻所生的第二子。1251年，其長兄蒙哥即大汗位，他受任總理漠南漢地軍國庶事。1253年，忽必烈受京兆（今陝西西安）封地，在那裡任諸儒臣興立屯田，興復吏治，建立學校，取得了北方漢族地主階級的擁護，為元朝的建立提供了社會基礎。同年，忽必烈受命遠征雲南，滅大理國。1260年3月忽必烈即汗位，1264年定都燕京（後稱大都，現北京），1271年定國號為元。元朝是中國歷史上第一個由少數民族統治全國的王朝。

河套人頂骨化石為左側頂骨，外層與斷面均為褐色，裡層為暗褐色，有四個邊，其中三個帶鋸齒形縫是原來的頂骨接合縫。

成吉思汗陵內供奉的馬鞍具。

🏔 地貌

內蒙古高原因地貌開闊坦蕩，故又稱內蒙古高平原，海拔600～1400公尺，地勢西高東低，南高北低，坦蕩緩穹的岡阜與寬廣的塔拉相間，構成呈大波幅的遼闊草原景觀。內蒙古主要由兩大地質構造體系構成：南部屬中朝準地台，北部屬內蒙古－大興安嶺褶皺系。二者大體以位於中朝準地台北緣的內蒙古地軸為界。內蒙古東部地區是中國火山集中分布的地區之一，有大興安嶺中段火山群、阿巴嘎火山群、達來諾爾火山群、烏蘭哈達火山群和岱海火山群。

呼倫貝爾草原

呼倫貝爾草原位於內蒙古自治區東北部的呼倫貝爾市，北鄰俄羅斯，西和南與蒙古接壤，東連大興安嶺。東西寬約350公里，南北長約300公里，總面積約9.3萬平方公里。草原的主體屬內蒙古高原的東北緣。呼倫貝爾草原自東向西發育森林草原、乾草原和灰色森林土、黑鈣土、栗鈣土等地帶性植被和土壤，還有草甸、沼澤、沙生、鹽生植被及與之相應的草甸土、沼澤土、沙土、鹽土與鹼土。草原上天然草場以乾草原為主體，包括林緣草甸、草甸草原、河灘與鹽化草甸及沙地草場等多種類型。呼倫貝爾草原共有野生種子植物603種，其中飼用價值高、蓄積比重大的約120種，常年鮮草總貯量約2130萬噸。但草質、草量地區分布不勻，草量的年際與季節變化大。西部放牧和連年打草，使大面積草場退化。

陰山山脈

陰山山脈是中國北部的東西向山脈和重要的地理分界線，橫亙在內蒙古自治區中部及河北省最北部。西端以低山沒入阿拉善高原；東端止於多倫以西的灤河上游

美麗富饒的呼倫貝爾草原。

巴丹吉林沙漠內部無固定道路，橫穿腹部非常困難。沙漠中部及東北部基本為無水區。

谷地，長約1000公里；南界在河套平原北側的大斷層崖和大同、陽高、張家口一帶盆地、谷地北側的壩緣山地；北界大致在北緯42°。陰山山脈在呼和浩特以西的西段地勢高峻，脈絡分明，海拔1800～2000公尺，最高峰呼和巴什格山位於狼山西部，海拔2364公尺。山脈從西向東分為狼山、色爾騰山、烏拉山、大青山等。山與山之間的橫斷層經流水侵蝕形成寬谷。陰山山南為外流區，屬黃河、海河水系；山北為內流區，河流稀少，水量小。

巴丹吉林沙漠

巴丹吉林沙漠是中國第三大沙漠，面積約4.43萬平方公里。在沙漠範圍內，除東、南、北部有小面積的準平原化基岩和殘丘外，廣大地區全為沙丘覆蓋，其中流動沙丘占83%。西部邊緣的古魯乃湖、北部的拐子湖、東部的庫乃頭廟附近有以梭梭為主的固定、半固定沙丘，面積約3000平方公里，沙丘高大密集，其中高大沙山占沙漠總面積的61%，高度多在200～300公尺，最高可達500公尺。單純的沙丘鏈所占面積較小，僅在沙漠的東南部，沙山之間分布有許多內陸小湖（俗稱海子），約有144個，多為鹹水，不能飲用。湖周植物生長茂密，多為濕生、鹽生等類型，常以湖水為中心與周圍沙丘呈同心圓狀分布。海子周圍常為牧場及聚落所在。

巴丹吉林沙漠平均每10平方公里不到1人。在整個沙漠內部，僅有巴丹吉林廟和庫乃頭廟兩大居住點。

內蒙古壩上草原遼闊迷人。這裡野草豐茂，一望無際，屬草甸草原和典型草原。草原上點綴著許多湖泊。駿馬在這裡奔馳，遊人在這裡可以領略到無憂無慮的草原生活。

🌀 水系

內蒙古河川徑流總量約400億立方公尺（黃河過境水除外）。河流流域面積在1000平方公里以上的有100多條。內蒙古的河流分為外流河和內陸河。外流河系有黃河、永定河、灤河、西遼河、額爾古納河等，流域面積約占總面積的3/5。內流區河系有烏拉蓋爾河、昌都河、塔布河、艾不蓋河等，多是無尾或徑流消失在封閉的盆地或窪地中積聚成湖沼。內蒙古的大小湖泊有千餘個，總面積達7000平方公里以上，其中著名的有呼倫湖、貝爾湖、達里諾爾、烏梁素海、岱海、黃旗海和居延海等。

呼倫湖

呼倫湖是中國第五大淡水湖，位於內蒙古呼倫貝爾草原西部的新巴爾虎左旗、新巴爾虎右旗和滿洲里市之間。湖長93公里，最大寬度為41公里，平均寬度為32公里，面積為2315平方公里。蓄水量為138.5億立方公尺。呼倫湖西岸為起伏的山巒和峻峭的懸崖陡壁；東岸和南岸地勢平坦開闊。湖底為泥底，比較平坦。呼倫湖水的補給除大氣降水和地下水外，主要來自發源於蒙古人民共和國東部的克魯倫河，以及連接貝爾湖和呼倫湖的烏爾遜河。

烏拉蓋爾河

烏拉蓋爾河發源於大興安嶺中段寶格達山西麓，流經烏拉蓋蘇木，注入索里諾爾大窪地，全長360公里，流域面積20200平方公里。它的主要支流有保爾斯太河、彥吉戈河、高力根河、巴拉格河、大小吉林河和錫林河等，構成自治區最大的內陸水系。

呼倫湖。

☁ 氣候

　　內蒙古地處中溫帶的大陸內部，水熱條件均較同緯度的東部地區差。西部熱量雖多，降水稀少。全區氣溫自大興安嶺向東南和西南遞增。內蒙古地處東部季風氣候與內陸大陸性氣候的過渡帶，降水分布自東南向西北遞減。大興安嶺山地和西遼河流域的南部山區，年降水量450公釐以上，山脊地帶超過500公釐。而由此向西北內陸地區，降水量逐漸減少。

🌳 自然資源

　　內蒙古的草原牧場、森林、稀土、鐵、煤等資源均占有重要地位。草原牧場面積86.66萬平方公里，占全國總面積的1/4；森林面積18.66萬平方公里，居全國第一位；有色金屬礦藏有40餘種。區內生物地帶性分布顯著，呈東北向西南依次分布。荒漠草原分布在鄂爾多斯西部及烏蘭察布市、巴彥淖爾市高原地區，漠鈣土廣布於阿拉善高原。額濟納河兩岸有大片天然胡楊林。

馴鹿。

大鴇

　　大鴇別名地鵏，屬於鴇科，是大型鳥類，身長約100公分，屬於國家一級保護動物。雄鳥頭、頸和前胸青灰色；喉部近白色，細長的纖羽在喉側向外突出如鬚；雌鳥喉部無鬚。大鴇棲息於廣闊的草原、半荒漠地帶及農田草地。大鴇不善飛行，喜在草原上奔馳，主要以嫩綠的野草為食，兼食昆蟲、魚類等。春末夏初繁殖，每窩產卵2～3枚，暗綠或暗褐色，具不規則塊斑。

馴鹿

　　馴鹿是鹿科馴鹿屬的唯一物種，又名角鹿。體長100～125公分，尾長7～21公分，肩高100～120公分，體重91～272公斤。馴鹿無論雌雄都長著一對像珊瑚一樣的大角，馴鹿體背毛色一般為灰棕、栗棕色。牠們主要棲息於寒帶、亞寒帶針葉林和凍土地帶中。馴鹿的毛分內外兩層，露宿在北風呼嘯、－40℃的酷寒中，也毫不在乎。

草原牧馬。

📖 經濟

內蒙古自治區的毛紡、乳製品及製糖業發達，鋼鐵、機械等工業發展迅速。畜牧業以牧養三河牛、三河馬、草原紅牛、內蒙古細毛羊、烏珠穆沁肥羊等為主。河套、土默川、西遼河和嫩江西岸平原及丘陵地區為糧食主產區。糧食主產小麥、玉米、馬鈴薯、大豆。經濟作物有甜菜、亞麻、向日葵、蓖麻、油菜。交通已形成以呼和浩特市為中心的鐵路、公路、航空綜合交通運輸網，14個城市通火車，7個盟市通飛機，90%的鄉、鎮通公路。

農業

內蒙古自治區耕地面積1.06億畝，天然草場約13億畝，林地面積2.79億畝，湖泊、水面面積1000多萬畝。農業資源十分豐富，但各地自然條件懸殊，資源分布不平衡。平原和灘川地區主要發展種植業，其他地區主要發展林業和畜牧業。農作物構成主要有小麥、玉米、水稻、大豆、馬鈴薯等。

工業

內蒙古自治區的毛紡廠主要分布在呼和浩特、海拉爾、通遼、赤峰等地，產量居全國前列。呢絨、毛毯、地毯產量也較多，其中包頭盤金地毯、赤峰仿古和藝術壁毯均被譽為工藝珍品。鄂爾多斯有國際規模的山羊絨加工企業。乳製品廠主要分布在呼和浩特、海拉爾、牙克石、赤峰、錫林浩特等地。糖廠主要集中於西部的呼包沿線及東部的赤峰、寧城一帶。機械工業是全區第一大重工業部門。礦山採掘和能源工業也是全區的重要部門。

交通

內蒙古自治區交通以鐵路為骨幹，京包、包蘭、濱洲、集通、京通等鐵路幹線聯通區外和俄羅斯、蒙古等國。內蒙古首條高鐵——張呼高鐵於2017年8月開通營運。公路運輸已形成以城市為依託，以國道、自治區幹線公路為主骨架的交通運輸網，2004年全區公路通車里程約7.6萬公里，有高級、次高級路面2.7萬公里，100%的旗縣市和90%的鄉鎮通上了汽車。自治區內有多個民用機場，開闢了40餘條航空幹線，通往北京、瀋陽、石家莊、南京、上海、武漢、廣州等城市。

搭帳篷的牧民。

✈ 旅遊地理

3.5萬年前的「河套人」揭開了內蒙古自治區文明的序幕，昭君墓、五當召、五塔寺、成吉思汗陵等，是內蒙古漫長的歷史中惹人注目的見證。此外，草原風光和民族風情更是內蒙古的兩大特色。內蒙古北部草原從大興安嶺西麓一直延續到阿拉善盟居延海。夏秋季節綠草如海，牛羊如雲，極為遼闊曠遠，北方民歌中所描述的「天似穹廬，籠蓋四野」，「天蒼蒼，野茫茫，風吹草低見牛羊」的情景隨處可見。

成吉思汗陵園

成吉思汗陵園位於鄂爾多斯市伊金霍洛旗甘德利草原上，距東勝區70公里。這裡是祭祀成吉思汗的地方。「伊金霍洛」為蒙古語，意思為「主人的陵園」。陵園長寬各1.5公里，建築面積1500多平方公尺，周圍是坦蕩的牧場。主體建築為3個蒙古包式宮殿，分正殿、寢宮、東殿、西殿、東廊和西廊幾部分。殿堂建在高台基上，門前砌有階梯。正殿高26公尺，平面為八角形。蒙、漢文書寫的「成吉思汗陵」的金字豎匾，懸掛在八角飛簷下。門向南開，雙層屋簷，藍色琉璃瓦覆頂。正廳有一尊成吉思汗塑像，高5公尺，披甲按劍，端坐在椅子上。東西殿高23公尺，後殿和東西走廊20公尺。寢宮內排列著黃緞子覆蓋的3個蒙古包，中間包內為成吉思汗和他3個夫人的靈柩；兩側包內是成吉思汗兩個胞弟的靈柩。東殿有成吉思汗的四子拖雷及夫人的靈柩。西殿掛有象徵成吉思汗9員大將的9個尖角旗幟，還有成吉思汗的戰刀和馬鞭。兩側殿內牆壁上繪有成吉思汗出生、遭難、西征、東征和統一各部等經歷的壁畫。

萬部華嚴經塔。

萬部華嚴經塔

萬部華嚴經塔位於呼和浩特市東郊白塔村西，建於遼代（907～1125），高約40公尺，八角七層，呈樓閣形，雄偉莊嚴。「白塔聳光」為呼和浩特八景之一。華嚴經塔用直紋磚與方磚築成，石灰灌注。基座為蓮花台，上承第一層平座。第一層的南門上有石額一方，刻「萬部華嚴經塔」六個字。塔的一二層各面皆塑有菩薩、天王、力士等像，形態各異，生動如真。第三層以上，塔身外壁皆素面無裝飾。塔的各層各面都設有門、窗，各組斗

成吉思汗陵園。

93

昭君墓前側，有呼韓邪單于與王昭君在馬上並轡而行的大型銅像。銅像高3.95公尺，形態逼真。

拱各不相同。白塔傳為遼聖宗（983～1031）時所建。原是宣教寺的藏經塔，因藏有佛教華嚴宗主要經典華嚴經1萬多部而得名，現在塔內只有古人題記和一些殘損碑文。

龍泉寺護法殿神像。

昭君墓

昭君墓在呼和浩特市南郊、大黑河之濱。這一帶地勢平坦，墓身巍然矗立，遠望墓表，黛色朦朧「若潑濃墨」，因而昭君墓又名「青塚」。「青塚擁黛」為呼和浩特八景之一。墓地朝南，高約33公尺，全部由人工夯築而成。頂部很平，呈台體狀，上建琉璃瓦涼亭。墓前的兩層平台之間有階梯連接。第一層正中立有一通巨大的石碑，碑上用蒙古文、漢文銘刻著董必武遊覽昭君墓時的題詞：「昭君自有千秋在，胡漢和親識見高。詞客各摅胸臆懑，舞文弄墨總徒勞。」墓的兩側建有歷史文物陳列室，分別陳列著呼和浩特地區的歷史文物和有

關昭君的文物，如「漢明妃之墓」、「昭君青塚」、「漢明妃塚」、「塞外流芳」、「孀夫愧色」等碑刻和頌揚昭君的詩文。第二層築有六角涼亭，順涼亭的階梯可登至墓巔。

龍泉寺

龍泉寺位於內蒙古喀喇沁旗公爺府鎮西北3000公尺處，因寺西15公尺處有一眼古井，常年不枯，古稱「龍泉」，龍泉寺便由此得名。龍泉寺始建於元至元二十四年（1287），現存為清代重建。布局依山勢以三進三階形式而建，總占地面積5000平方公尺。山門居前院的牆正中，高6公尺。前殿三間為「天王殿」，硬山

式建築。前殿後面為寺院中心，東西兩側各有配殿。大殿前橫臥一尊大石獅，身長4.5公尺，頭高1.1公尺，係原地岩石雕刻而成，造型逼真；獅背立有一小型界碑，據資料顯示，此種石獅在中國極為少有。東西配殿前各立有高3.2公尺的螭首龜趺石碑一座，東為元至正元年（1341）所立的「松州獅子崖龍泉寺住持慈光普濟大師然公道行碑」，碑文清晰，長達1250字；西為1917年所立喀喇沁右翼親王、旗主再次重修的「龍泉寺記」碑。寺院中央有古松、古柏數棵。大殿位於最後，面闊三大間，四周有石刻勾柱。

遼上京遺址

遼上京遺址位於林東鎮南，遼太祖

遼上京遺址附近的磚砌塔，造型上有濃厚的唐代遺風。

神冊三年（918）興建，天顯元年（926）擴建。遼上京初名皇都，後改稱上京，為北方遊牧民族在草原上興建的第一座京城。上京分為南北二城。北為皇城，是契丹貴族的居住區。城垣南北長1600公尺，東西寬1720公尺，殘高6～10公尺，黃土夯築。現存南、西、北門址三處，門外均有甕城。城內國子監、孔子廟、天雄寺、崇孝寺等遺址尚可考見。皇城正中偏北岡丘上為大內所在地，有開皇、安德、五鑾等宮殿遺址。大內東部、東南部有官署、佛寺、作坊遺址。南城即漢城，為漢族、渤海族、回鶻族聚居地。除少數官署、廟宇外，多為民宅、作坊、店鋪，並有少量市樓遺跡。城中南北二塔尚在。南塔築於城南山坡，八角七層密簷式磚塔，高25公尺，塔身外表有佛、飛天、菩薩等浮雕；北塔位於城

北山坡，六角五層密簷式磚塔，現存四層簷，高約10公尺。另有一尊首紅砂岩觀音造像，殘高4.2公尺，體態優美，線條流暢。

黑城古城遺址

黑城古城遺址位於寧城縣南30公里老哈河上游的北岸，為漢代古城。古城遺址分內外兩城，內城為長方

近代西方「探險隊」曾多次來黑城探寶，從這裡掠奪了大量的珍貴文物。

形，東西長750公尺，南北寬500公尺，現存城牆殘高8～9公尺。城牆四面各有一座城門，門外均設甕城，當地人稱之為「黑城」。外城沿內城北牆向東西延伸，東西長1800公尺、南北寬800公尺，大部分城牆輪廓尚清晰可見，當地人稱為「外羅城」。城內有豐富的漢代遺物。城南部成排的柱石，是房舍的建築遺跡。外城南中部有王莽時期製造錢幣的作坊和窯址，面積大約6000平方公尺，出土了有紀年文字和「鐘官」字樣的「大泉五十」和「小泉直一」的陶範母。內城西北部還有一夯築小城，當地人稱為花城。

美岱召

美岱召位於美岱召鄉的大青山南麓，東行50公里即達包頭市。明隆慶年間，土默特蒙古部首領阿勒坦汗受封順義王。萬曆三年（1575）與其妻三娘子主持修建城寺，明廷賜名福化城，又稱靈覺寺。萬曆三十四年（1606），邁達里胡圖克圖來此傳教，故又名邁達里廟、邁大力廟。清康熙年間改名壽靈寺。因正殿供奉美岱爾佛（即如來佛），佛高4公尺，純銀鑄作，舉世罕見，故傳名美岱召。美岱召是兼具城堡、寺廟和邸宅功能的特殊召廟。圍牆高5.3公

金剛座舍利寶塔主要由金剛座和上部五個方形舍利寶塔構成。這種形式的佛塔在中國出現較晚，也比較罕見。

尺，長約681公尺，內夯黃土，外包石塊，四隅築有墩台與角樓，主要建築有四大天王殿、經堂、大雄寶殿、十八羅漢殿、觀音殿、琉璃殿，以及順義王家族世代居住的樓院等眾多建築。

金剛座舍利寶塔

金剛座舍利寶塔位於呼和浩特市舊城五塔寺街。因金剛寶座上有五塔，亦稱五塔，蒙古語為「塔布‧騷布日格」。寶塔始建於清雍正五年（1727），建成於雍正十年（1732）。為比較典型的金剛寶座式塔，由塔基平台、金剛寶座和頂部五座方形玲瓏寶塔組成，通高16.5

公尺。金剛座平面呈「凸」形，高6.8公尺，南面有拱門，上嵌漢白玉塔名匾額，以漢、蒙古、藏文刻成。寶座共七層，每層均有窄簷挑出。塔身表面滿刻佛、菩薩、佛蹟、景雲、菩提樹、金剛杵、四大天王、五佛寶座、經文和119尊鎏金小佛像，鏤刻十分精美。須彌座又以彩色琉璃磚貼面。由拱門登階梯可達金剛寶座頂部方亭。五塔位於亭後，其居中者略高，共七級，四角之塔各五級，均為綠色琉璃挑簷的密簷式建築。塔座後山牆上嵌有三幅圓形石刻：蒙古文天文圖、須彌山分布圖、六道輪迴圖。

席力圖召

席力圖召在呼和浩特市舊城石頭巷內，原為一座小廟，因廟主希體圖噶精通蒙古、藏、漢三種文字及佛教經典，受到順義王阿勒坦汗的推崇，召內香火日盛，規模也日漸擴大，明萬曆三十年（1602）希體圖噶護送同自己一起學習佛教經典的四世達賴回藏坐床，歸來後即改廟名為席力圖召。「席力圖召」是藏語「法座」或「首席」的意思，之所以改名據說是因希體圖噶到西藏曾坐過達賴喇嘛的法座。席力圖召規模宏大，外觀華麗，其大殿四壁用彩色琉璃磚包鑲，殿頂有銅鑄鎏金寶瓶、

法輪、飛龍、祥鹿等飾物，大門塗以朱紅重彩。前側立有清康熙御製平噶爾丹紀功碑，東南建有白石雕砌的覆缽式喇嘛塔。塔高約15公尺，上繪彩色圖案並寫佛教六字真言，其精緻完美，在內蒙古現存喇嘛塔中堪稱第一。席力圖召內的壁畫也是遠近聞名。席力圖召的主體建築由前廊、大經堂、佛殿三部分組成，為藏式結構。前廊為七開間，下層是裝飾華麗的藏式柱，上層左右兩開間及前廊左右兩牆採用孔雀藍琉璃磚貼面，並加鍍金銀飾。大經堂高兩層，面寬和進深都是九間，是喇嘛集體誦經之地，後部是佛殿。

Travel Smart

好來寶

好來寶是蒙古族人民喜聞樂見的一種民間文藝形式，多以四胡伴奏演唱。好來寶意為「聯韻」，是一種押頭韻或兼押複尾韻的民間即興詩，多以四行為節，節節聯韻或交叉換韻，篇幅長短不拘，語言形象生動，韻律比較自由，既有別於一般的歌謠，又不同於嚴謹、凝練、含蓄的詩篇。好來寶是辯才和詩意的結合，富於知識性、娛樂性。藝人說起來口若懸河，滔滔不絕；唱起來你來我往，推波助瀾。它和音樂融為一體，根據不同的唱詞配以相應的曲調，有的輕鬆舒緩如泉水叮咚；有的激烈急促似緊鑼密鼓。民間藝人來到蒙古包坐定，總要先演唱一段好來寶助興，然後才開始長篇的說書講義。

席力圖召為藏漢結合的建築群體，造型優美，獨具特色。

那達慕大會

那達慕大會是內蒙古、甘肅、青海、新疆的蒙古族人民一年一度的傳統節日，在每年七八月這一水草豐茂、牲畜肥壯、秋高氣爽的黃金季節舉行。那達慕，蒙古語是「娛樂」或「遊戲」的意思。它在蒙古族人民生活中占有重要的地位，是適應蒙古族人民生活的需要而產生的，有著悠久的歷史。過去那達慕大會期間要進行大規模祭祀活動，喇嘛們要焚香點燈、念經頌佛，祈求神靈保佑，消災消難。現在，那達慕大會的內容主要有摔跤、賽馬、射箭、賽布魯、套馬、下蒙古棋等民族傳統項目，有的地方還有田徑、拔河、排球、籃球等體育競賽項目。此外，那達慕大會上還有武術、馬球、騎馬射箭、乘馬斬劈、馬競走、乘馬技巧運動、摩托車等精彩表演。參加馬競走比賽的馬必須受過特殊訓練，四腳不能同時離地，只能走得快，不能跑得快。夜幕降臨時，草原上還會飄蕩起悠揚激昂的馬頭琴聲，男女青年圍著火堆載歌載舞，到處都洋溢著節日的歡快氣氛。

盛裝的蒙古族少女

那達慕大會賽馬比賽

那達慕大會摔跤比賽

那達慕大會是內蒙、甘肅、青海、新疆等地蒙古族人民一年一度的傳統節日。

整裝待發的摔跤手

華東

上海

華東

🌐 行政區劃

上海市簡稱滬，別稱申。上海是全國最大的工商業城市，是中國最重要的經濟、貿易、科技、交通、金融和資訊中心，世界著名的港口城市。地處北緯30°23'～32°27'，東經120°52'～121°45'之間。上海市位於太平洋西岸，亞洲大陸東沿，中國南北海岸線中心點，長江和錢塘江入海匯合處。它北界長江，東瀕東海，南臨杭州灣，西接江蘇、浙江兩省。總面積6340.5平方公里，轄16個區107個鎮2個鄉。市政府駐黃浦區。

黃浦區

黃浦區是上海市中心轄區、市政府駐地，為上海市行政、金融、商業中心。黃浦區位於市區中心，面積12平方公里，轄10個街道。常住人口約有65萬，有漢、回、滿等23個民族。1945年國民黨政府重建上海市政府，全市分設30個區，浦西部分屬第一區，又名黃浦區。1956年，原黃浦區與老閘區合併稱黃浦區。著名的蘇州河、黃浦江分別流經區境北部與東部並於區內交匯。黃浦區內郵電通訊設施完備，交通發達，市府大廈坐落於區境內的人民廣場。區內金融機構雲集；有「中華商業第一街」之稱的南京路商業街即在本區內，南京路上擁有許多現代的和歷史的商業景觀和人文景觀。外灘匯集了各國風格的建築，被稱為「萬國建築博覽群」。

上海是中國第一大城市,也是世界上規模和面積最大的都會區之一,擁有四通八達的陸地運輸網。

浦東新區

　　浦東新區位於黃浦江之東,「浦東」由此得名。浦東新區北部扼黃浦江匯入長江的吳淞口,全區面積523平方公里。1993年經國務院批准,正式設立浦東新區,並成立浦東新區黨工委和管委會。浦東外高橋保稅區已建成2.2萬平方公尺商業街,10萬平方公尺的保稅生產資料交易市場,成為中國市場與國際市場接軌的連接點。浦東新區西側的黃浦江岸一線,一直是上海的主要港區。東側長江沿岸地區地勢高、土質疏鬆,適宜植棉;沿海多水草適宜飼養奶牛;臨近黃浦江地區是上海蔬菜基地之一。另外這裡有內河水面積60平方公里,適宜發展淡水魚類養殖。

徐匯區

　　徐匯區是上海市中心城區之一,上海市的科教文化中心,也是市商業中心之一。徐匯區位於市區西南部,面積55平方公里,轄12個街道1鎮。常住人口約有108萬,有漢、回、滿、蒙古、朝鮮等33個民族,其中少數民族人口約有0.6萬。徐匯區因明代科學家徐光啟後裔匯居於此而得名,歷史非常悠久。徐匯區地處長江三角洲沖積平原地帶,地勢低平,交通發達,有總長超過200公里的主幹道路,地鐵一號線從南到北橫貫區境,內環線高架路通向全市四面八方。

金茂大廈位於浦東新區陸家嘴金融貿易中心,高420.5公尺。大廈平面布局嚴謹,空間組織合理,構思精細。主樓1層～52層為辦公用房,53層～87層為五星級賓館,88層為觀光層。裙樓為金融、商業、服務、康樂等多功能設施。

👤 人口、民族

隨著行政轄區的多次調整、人口的自然增長及外來人口的不斷遷入，上海人口到2016年已增加到2419萬，是世界人口稠密地區之一。全市人口密度以市區為中心略呈環狀分布，市區人口密度遠高於郊區，近郊大於遠郊，北部大於南部，東部大於西部。其中漢族人口占總人口99.4%，少數民族人口僅占總人口的0.6%，人數較多的民族有回、滿、蒙古、壯、朝鮮、維吾爾等，而且少數民族人口大多分布在普陀、黃浦、楊浦等區。從上海在業人口的文化程度構成上看，雖然具有大學文化程度的比例不高，但與全國相比，在業人口文化程度之高仍屬前列，因此在發展經濟方面，上海仍具有較大的人力資源優勢。

🏛 歷史文化

上海地區具有悠久的文明史，經歷了從海濱漁村到現代大城市的漫長發展過程。早在6000多年前，上海西部地區已有人類在此勞作、生息。戰國時期，今上海地區屬楚，為春申君黃歇封地。古代上海一帶為海濱漁村，隨著江南地區經濟的勃興，上海一帶生產也開始發展。上海地處吳越古地，自古承襲吳越文化的薰陶，生活中點點滴滴無不包孕著吳越文化的特色。上海又是外國人首先進入中國的門戶，中西文化的交流，使上海的文化中又滲透有一些西方文化的特色。

黃道婆

黃道婆又稱黃婆，生卒年不詳，元朝松江烏泥涇鎮（今上海華涇鎮）人，是中國古代紡織技術的革新能手。黃道婆幼年為生活所迫，流落到崖州，跟當地的黎族同胞學習紡織技術。在1295年至1296年間，返回家鄉著手改革家鄉的紡織生產工具，傳授有關軋花車、彈棉椎弓、紡車和織機技術。黃道婆製成了當時世界上最先進的棉紡車，比西方第一架手搖紡織機的誕生早400多年。這使上海當地的棉紡業興旺繁榮，「烏泥涇被」全國聞名。

徐光啟

徐光啟（1562～1633）字子先，號玄扈，明朝時上海縣徐家匯人。他43歲時考中進士，官至禮部尚書、文淵閣大學士。徐光啟一生好學不倦，從事過天文、曆

黃道婆紀念館內的紡車。

📖 Travel Smart

徐家匯天主教堂

徐家匯天主教堂位於徐家匯漕溪北路，為天主教上海教區主教座堂，正式的名稱為「聖母為天主之母之堂」。堂側有天主教上海教區主教府、修女院，兩座鐘樓南北對峙。它建於清光緒三十二年（1906），是一座帶有中世紀羅馬風格的教堂建築，可容納3000多名教徒進行活動。大堂內的祭台上有一尊聖母抱小耶穌的雕像，是整座教堂的中心。這尊雕像是在1919年從巴黎運抵上海的。

中共「一大」會址紀念館是兩棟磚木結構的兩層石庫門樓房，具有20世紀20年代上海市區典型的民居風貌。

法、水利、測量、數學和農學的研究。著作有《農政全書》、《測天約說》、《渾天儀說》、《勾股義》、《古算器釋》，翻譯了歐幾里德的《幾何原理》。他是最早把西方文化介紹到中國的科學家之一。

魯迅墓地位於上海虹口區的魯迅公園內。

中共「一大」會址紀念館

中共「一大」會址紀念館位於盧灣區興業路76號～78號（舊為法租界望志路106號～108號）。這是兩棟磚木結構的兩層石庫門樓房，建於1920年，它原是出席這次會議的上海代表李漢俊及其胞兄李書城的寓所。建黨大會於1921年7月23日在李寓76號樓下客廳秘密舉行。1952年9月，中共「一大」會址修復，成立紀念館並對外開放。1958年將會址恢復原貌，並在近鄰會址的房屋內闢設輔助陳列室。1967年正式定名為「中國共產黨第一次全國代表大會會址紀念館」。

🏔 地貌

上海市位於長江三角洲沖積平原前緣，地勢低平，北、東、南三面略高，中部黃浦江兩岸次之，西部淀山湖附近一帶地勢最低，成為向太湖傾斜的碟形低平原，整個平原河港如網。根據地貌成因和地面高度，上海市境可分為三個地形單元：淀泖低地、碟緣高地和河口沙洲。市境西部散見小山丘，天馬山海拔98公尺，為市境西部最高點。由於全市地勢低平，每當汛期和江海高潮，特別是秋季大潮汛和颱風暴雨同時侵襲之際，易受江海橫溢之害，須構築海塘江堤和圩埝。

河口沙洲

上海的河口沙洲，主要包括崇明、長興、橫沙三島及其他剛露出水面的沙洲。至今崇明島北沿、東沿、西沿以及長興島北沿和橫沙東灘高地灘仍在不斷地迅速淤漲，形成大片灘塗。上海南部的奉賢、金山一帶海岸線長期以來則有後退的趨勢。原來在陸上的大、小金山，現都已成為海岸孤島。

淀泖低地

淀泖低地在古崗身以西，包括青浦、松江兩區的大部分、金山區北部及嘉定、奉賢三區的西緣，這是在長江老三角洲古太湖基礎上發育而成的湖沼平原。這裡河渠縱橫、湖蕩眾多，而且多窪地，可細分為湖積平原和湖蕩窪地等兩種地貌。如青浦區西部即有淀山湖等大小湖蕩30多個，地面高度約3～3.5公尺。此外，在松江區北部集中分布有畲山、鳳凰山、橫山、天馬山、小崑山、辰山等少數基岩殘丘，海拔均在100公尺以下。

上海濕地

由於上海的地理位置特殊，瀕臨東海，又屬江南水鄉，因此擁有大量的自然濕地。濕地環境是最具有上海地方特色的自然環境。上海的濕地屬於濱海濕地，包括沿江沿海濕地、長江口沙洲

河口沙洲。

島嶼濕地、淀山湖低窪河流濕地和人工濕地等四種類型。上海的濕地面積大約有3000多平方公里，主要分布在崇明東灘、淀山湖、南匯邊灘、九段沙、扁擔沙、橫沙島和長興島等地。這些濕地是生物多樣性最高的生態系統，支援著上海市60%～70%的特有珍稀和瀕危物種的棲息環境。上海沿海濕地正處於亞太地區候鳥

淀泖低地。

遷徙的路線上。經過野外調查，上海地區濕地鳥類能記錄到的就有110種。

長興島

長興島是長江口升起的第二大河口沙島，面積87.85平方公里，南北寬3000～4000公尺。地面平均高度為2.78公尺（吳淞零點），全島大體呈東北高、西南低的趨勢。長興島原是長江口的水下三角洲，由於泥沙的不斷沉積，逐漸露出水面，並於1844年～1959年陸續被圍墾，最終將諸沙島連成一體。長興島氣候具有亞熱帶季風氣候的一般特徵，四季分明，冬、夏較長，春、秋較短。

崇明島東灘候鳥保護區。

崇明島

崇明島面積1041平方公里，是中國第三大島、全國最大的沙島，為上海市崇明區所在地。崇明島位於上海市區北部，橫臥於長江入海口，將長江口區分為南、北兩支。崇明島幾經變遷後，至16世紀明嘉靖年間基本具現今規模。由於長江主流南北擺動，「游移」不定，崇明島面積日擴。20世紀50年代初期，原面積僅600餘平方公里的崇明島，經過對新漲灘塗不斷圍墾，逐漸形成現在的狀態。崇明島的地理位置十分重要，區位優勢尤為突出，在軍事上歷來被稱為「大江門戶，十郡屏藩」的要地。在經濟上，崇明島處於中國東部黃金海岸和黃金水道的交匯點，四通八達的交通，使它具備了發展江海貿易、水上運輸業、物資集散基地、自由貿易港區得天獨厚的條件。崇明島農業以種植棉花、水稻、小麥為主。島外沿江沿海一帶漁場環繞，島內河溝縱橫，魚塘密布，是中國重點漁業縣和上海海、淡水水產生產基地。長江口是中國著名天然漁場，在島西南部新墾區內已建立以副業為主的農工商聯合公司，所產供外貿出口的商品達百餘種。崇明島東部灘塗為數十萬隻越冬候鳥的棲居地。

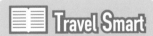

Travel Smart

上海江湖的鹹災

在枯水季由於長江上游下泄徑流減少，漲潮時，鹹水上溯進入長江口內，乃至黃浦江，造成江水含鹽度提高，是一種自然污染現象。鹹潮入侵多發生在每年的12月至次年3月。1979年為有記錄以來之最，1987年次之。鹹水從吳淞口一直影響到淀山湖，吳淞水廠至閔行水廠區間，持續影響時間有73天至142天，造成工商業停產或產品質不合格。鹹潮對上海工農業和人民生活已產生了不可忽視的影響。

💧 水系

上海市境內地勢低平，水網密布，水量充足，河流水資源補給來源豐富多樣。上海市主要河流和湖泊，有長江河口段、黃浦江、吳淞江（蘇州河）和淀山湖等。長江流經市郊北部，納入黃浦江後，東流入海，江口呈喇叭形向外展寬，最寬處達80公里。黃浦江是長江入海前納入的最後一條支流，橫穿上海市，具有引、排、航、供水和納汙等多種功能。吳淞江為黃浦江主要支流，是上海同內地聯繫的重要水運航道。淀山湖是上海市郊最大的淡水湖泊。

黃浦江

黃浦江是長江下游支流，上海市境內主要河流，古稱東江。黃浦江的上源為攔路港，主源來自青浦區淀山湖，過松江後始稱黃浦江。全長114公里，流經青浦區、松江區、奉賢區、浦東新區及寶山區和上海市區，在市區匯合蘇州河，至吳淞口入長江。因有長江和淀山湖及稠密河網調節，故水源足而水量豐沛，全年水位變化較小，具航運、灌溉之利。黃浦江由於受潮汐影響、河口段受含沙量較大的長江潮水倒灌的影響，易於淤積，致使下游近河口段穩定性較差。20世紀50年代以來，經多次凹岸及航道疏浚，河道漸趨穩定；同時，因潮汐湧注，拓寬加深了黃浦江河槽，現已形成優良的通海內河。江水漲潮時河深達9公尺多，落潮時約6公尺，1萬～2萬噸級輪船可直達上海港內各深水泊位，使該港成為中國優良港口之一。

吳淞江

吳淞江是黃浦江的主要支流，又名蘇州河，是上海境內僅次於黃浦江的第二大河。因流域在古代吳國境內，又發源於蘇州附近松陵地區，故名吳淞江。吳淞江源出太湖瓜涇口，穿過江南運河，流經吳江、蘇州、崑山、嘉定、青浦等地區，在

上海市區外白渡橋附近注入黃浦江。全長125公里，其中在上海市區段20.8公里，平均河寬約40～50公尺，流量平均僅10立方公尺／秒，旱季則接近於零。低水位時水深2公尺左右，是上海最主要的內河航運和裝卸作業港，也是上海通往江蘇南部的主要水上交通線。吳淞江水質污染相當嚴重。據記載，從20世紀20年代初就出現水體黑臭現象，現在已經得到了改善。

夕陽下的淀山湖景色。

淀山湖

淀山湖是上海市郊最大的淡水湖泊和淡水漁業基地。位於青浦區西部與江蘇省崑山市交界處。湖呈葫蘆形，本為古太湖的一部分，原稱薛淀湖。因湖東南有淀山，故名。湖周沿岸有進水口75處，西納太湖來水。主要進水口為位於湖西的急水港，湖東攔路港則為主要出水口，連通黃浦江；東北經淀浦河可由東大盈港、趙屯浦，溝通吳淞江，並與附近眾多小型湖蕩相連。湖水水位穩定，年水位變幅一般僅約1公尺。淀山湖除承擔上海與蘇、浙航運，並為湖周1.33萬餘公頃農田提供灌溉水源外，還盛產數十種淡水魚類。湖邊多小灣，風景秀麗，並有曲水園、青龍鎮、上海最古老拱形石橋普濟橋及崧澤村古文化遺址等園林和古蹟。

黃浦江凝聚了上海厚重的發展歷史，串聯起上海眾多的標誌性景觀。乘船遊於江面，彷彿進入上海的風情長廊。

🌧 氣候

上海位於中緯度亞洲大陸東岸，東臨海洋，西連太湖，北界長江，南靠杭州灣，屬亞熱帶季風氣候，氣候溫和濕潤，四季分明。年均溫約15.7℃，冬季較同緯度內陸溫和，夏季各月較同緯度內陸涼爽。全年無霜期222～235天。全年日照時數1908～2160小時，光熱資源較豐富。全市雨量充沛，年降水量1143公釐，且季節分配較均勻，利於農業。6月中旬多颱風和暴雨，秋季時有連陰雨，冬春秋偶有寒潮侵襲，均對農業生產不利。

🌲 自然資源

從地質歷史尺度衡量，上海的成陸時間短，地域有限，礦產資源埋藏極其匱乏。此外，生態環境相對單一，天然植被資源比較貧乏；同時人類活動頻繁，而且由於城市在不斷擴大，天然生物群落遭受嚴重破壞，分布範圍大幅縮小。目前，天然生物群落主要分布在沿海灘塗、大金山等島嶼。上海的地帶性植被是常綠闊葉與落葉混交林，由於人類活動影響，原生植被大都遭受破壞，現存的主要分布在大金山島和畬山的局部地段。上海廣闊的水域，吸引來大量的候鳥，生活在近海海域中的動物資源是上海主要的天然動物資源。

📖 Travel Smart

上海的梅雨

上海地區初夏經常出現持續時間較長的陰雨天氣，稱為梅雨。梅雨期間高溫高濕，日照少，雨天多，雨量大，經常出現暴雨。上海平均入梅日在6月17日前後，出梅日是7月9日左右，持續期約22天。但梅雨出現的遲早、雨期的長短及雨量的多少，每年都不同。梅雨量過少或「空梅」年分，是水資源嚴重不足的年分；梅雨期長、梅雨量過多的年分，雖水資源豐沛，但由於上游洪水下泄，會引起境內江河水位上漲。

黑面琵鷺

黑面琵鷺，國家二級保護動物。黑面琵鷺是一種大型涉禽，全長80公分，體羽白色，後枕部有長羽簇構成的羽冠，額至面部皮膚裸露，黑色，嘴也呈黑色，扁平呈匙狀，腿與腳趾均為黑色。雌雄羽毛相似，冬羽與夏羽有別。黑面琵鷺棲息於沼澤濕地、河湖岸邊及葦塘等低窪積水處，主要啄食魚、蝦、蟹、軟體動物等，也吃水生植物。黑面琵鷺現存的數量很少，主要分布在中國、俄羅斯、朝鮮和日本。黑面琵鷺在中國主要分布在沿海地帶。目前上海的濕地狀況得到不斷的改善，到這裡棲息的黑面琵鷺已越來越多。

紅楠生長緩慢，但材質極佳。

紅楠

紅楠是樟科植物，常綠大喬木，高可達20公尺以上。葉片呈倒卵形或披針狀長橢圓形，表面光滑，新抽出的嫩葉呈紅色，是其名稱由來，又因狀似紅燒豬腳，而有「豬腳楠」的別稱。紅楠的花很小，有6片花被。核果球形，成熟時呈黑紫色。普遍生長在中低海拔山區。紅楠號稱江南四大名木之首，材質芳香、堅固、美麗，十分名貴，樹皮粉末都可製造香料。上海的大金山島北坡山腰，水熱條件很好，紅楠生長有優勢。

經濟

上海是中國工業門類較齊全的綜合性工業基地和科學技術研發基地，又是中國優良河口海港、水陸交通中心。工業結構由以輕紡為主體，轉變為輕紡與重工業並重，化工、儀錶等均有一定基礎的綜合型結構。目前上海已發展為大中小企業相結合、工業門類齊全、協作條件較好、具有較高科學技術水準與經濟效益的綜合性工業基地。城郊農業中，糧、棉、油、蔬菜、瓜果、奶、魚等食品生產均有較大發展，農業由以種植業為主，過渡為綜合發展的經濟結構。

農業

上海郊區共有耕地32.32萬公頃，機耕、機電排灌面積分別占耕地面積的90.7%和98%，並有89%的耕地成為旱澇保收的穩產高產農田，是機械化、水利化和生產水準都較高的農業區域之一。種植業以生產水稻和小麥等糧食作物為主，約占糧食總產量的98%。棉花產量也很大，是全國著名的高產棉區之一，又是上海市棉紡織工業重要的原料產地。油菜是郊區主要油料作物，畜牧業是上海郊區農業重要組成部分，市區消費的鮮牛奶和大部分淡水魚也都靠郊區供給。上海農副漁業日益興旺，「三高」農業逐漸推廣，「米袋子」工程穩步實施，「菜籃子」工程成效顯著，已逐步建成市郊現代化的副食品生產基地。

工業

上海是中國發展最早、規模最大的綜合性工業城市，並且已發展成為中國重要的工業基地，已形成門類齊全、結構日趨完善、技術裝備比較先進、布局日趨合理、大中小企業相結合、協調配套能力較強、經濟效益較高的工業體系。上海市以汽車製造、通信設備製造、鋼鐵製造、石油化工及精細化工、電站成套設備及成型機電設備製造、家用電器製造為支柱產業，且產品在中國占相當大的比重。

交通

上海交通四通八達，海運、河運、陸運、空運等各種運輸方式齊全。上海是中國最大港口、華東地區最大的交通樞紐，世界十大港口之一。上海港地處中國大陸海岸線中樞，扼長江入海咽喉，憑藉海上航道，可達沿海各城市，並且可溝通世界上200多個國家和地區的500多個港口。在陸路方面，鐵路、公路同樣四通八達。市區建有磁懸浮列車、還有技術先進的地鐵，使市內交通更加便利。高速鐵路則有京滬、滬寧、滬杭、滬昆和滬漢蓉等多條路線，連結國內各大城市。航空業發達，可直達國內外100多個城市，浦東國際機場和虹橋國際機場已建成運行。

上海寶山鋼鐵公司。

✈ 旅遊地理

上海地處東海之濱、太平洋西岸，位居中國大陸海岸線的中心。北臨長江口，南臨杭州灣，是著名的國際大都市，也是中國經濟、金融、貿易中心和東西文化、文明的交匯地。上海的自然、人文旅遊資源得天獨厚，有據江瞰海之勝、小湖島嶼之美、名城水鄉之秀、人文薈萃之優，熔古今中外文明為一爐的獨特優勢。蜿蜒的黃浦江和吳淞江（蘇州河）縱橫交接貫穿全境。青浦境內的淀山湖和淀浦河一線，湖蕩成群，極盡水鄉之美。

玉佛寺

玉佛寺位於普陀區安遠路江寧路口，是上海著名的佛教寺廟，也是江南名剎之一，屬於佛教禪宗。寺院占地約8000平方公尺。清光緒年間，普陀山慧根和尚去印度禮佛朝拜，返國途中取道緬甸，請得大小玉佛五尊。途經上海時，留下白玉雕釋迦牟尼坐像和臥像在寺內供奉，玉佛寺由此得名。玉佛樓上供玉佛說法坐像，坐像用整塊玉石雕成，玉色瑩潔，法相莊嚴。

玉佛寺中的玉佛坐像是釋迦牟尼的成道像，高約195公分。

朱家角放生橋始建於明萬曆年間（1573～1620），為五孔拱橋，是上海地區最長、最大、最高的五孔石拱橋。放生橋結構精巧，形狀美觀，長如帶形如虹，被譽為「滬上第一橋」。

豫園

豫園是上海著名的古典園林，位於城隍廟的北面，古香古色的大門正對著荷花池中的湖心亭。豫園是明代曾任四川布政使的潘允端為奉養他的父親特聘園藝家張南陽設計並建造的，有「豫悅父親」之意，所以取名「豫園」。園林現有面積2萬平方公尺。園區面積雖小，但布局曲折，有亭、台、樓、閣、假山、池塘等30餘處；景致各有不同，具有以小見大的特色。園內的磚雕形象生動，具有明、清兩代南方建築藝術的風格。全園五條龍牆把園中景色隔成六個迥然不同的風景區。

大觀園

大觀園遊覽區是淀山湖風景區內規模最大的風景點。大觀園以青商公路為界，分為東西兩個景區。東部以自然風光和植物造景為主，形成梅塢春濃、金雪飄香、群芳爭妍等各具特色的景觀。遊覽區西部是一座根據曹雪芹《紅樓夢》原著的筆意，以傳統的中國園林藝術建造的仿古建築群「大觀園」。

整個園子布局得體，建築宏偉，雕鏤精細，古木林立。

龍華寺

龍華寺位於上海市區西南的龍華鎮旁，是江南地區的著名寺院，也是上海地區歷史最悠久、規模最齊全、建築最雄偉的佛寺。龍華寺始建於三國吳大帝赤烏五年（242）。相傳，孫權之母吳國太篤信佛教，孫權為了孝敬母親而建此寺。寺前有高40.4公尺的龍華塔，為上海市區唯一的寶塔。現存的建築為清光緒年間重建的，

位於上海青浦區淀山湖畔的大觀園內的建築全是依照《紅樓夢》書中所述建造的，就連室內的擺設也依據書中人物性格布置。

有彌勒殿、天王殿、大雄寶殿等。

古鎮朱家角

上海市區高樓林立、繁華喧鬧，而青浦區的朱家角鎮卻是小橋流水、清雅悠然，具有典型的江南水鄉風光，

龍華寺內供奉的千手觀音菩薩。

像是沉浸在古老的故事中。久居都市的人來到朱家角鎮，可以暫時忘卻每日的忙碌和煩惱，回憶起一些溫馨的往事。鎮上河道縱橫、安謐恬靜，老街街道狹窄，街兩邊的樓上人家可以伸手相互遞物。放生橋位於朱家角鎮東部，跨於漕港上，是上海地區最大的一座石拱橋。橋全長70.8公尺，寬5.8公尺，5孔聯拱，造型精巧，氣勢宏偉，堅固省料，易於洩洪。

城隍廟

老城隍廟位於方浜中路249號，是一處道教聖蹟。廟中奉祀上海城隍秦裕伯，兼祀霍光，從而有「前殿為霍，後殿為秦」的說法。過去廟會盛行，香客不斷，廟內外雲集了許多小吃攤、百貨攤和雜耍攤，後來逐漸形成以豫園九曲橋為中心的廟會市場。這裡的民居、弄堂、商鋪自成格局，而且居民多是上海的老市民，風情、習俗饒有特色。

夜色中的豫園亭台樓閣都被彩燈所點綴，更加光彩照人，異常華美。

多倫路文化街

　　多倫路文化街南傍四川北路，北臨魯迅公園，街短而窄，路曲而幽；夾街小樓，錯落有致，風格迴異。沿著紅色彈格路，可見伊斯蘭風格的孔祥熙公館、金泉錢幣博物館、左聯紀念館、藏書票收藏館、奇石館、藏筷館、玉器館、蘇繡閣……，這一切使多倫路無愧於海派建築的「露天博物館」之稱。

多倫路上的魯迅雕像

　　解放前上海一直是中國文化運動的中心地帶。各界文人學士均遊歷於此，在這種帶有「上海灘」的氛圍中從事著自己所熱衷的文化和革命事業。中國新文化運動歷史時期中的各類文化藝術團體，無論是左派進步團體或是右派保守分子，都在這種大上海的文化交融與衝突中促進著中國新生文化與新生文化代表的形成與發展。而上海多倫路則作為上海地區的文化源地及相應的位於租界地的殖民時代優勢，使此地成為孕育進步文化、催生進步文化力量，及可攪動中國文化革命大變局的策源場所。透過如今留存下來的歷史遺跡，我們仍可想像出當年風雲紛爭年代的歷史概貌，並由此而體味到近代百年中國文化史的艱辛歷程。

左聯紀念館

內山書店

內山書店由日本友人內山美喜、內山完造創辦，1917年開設於虹口北四川路魏盛里（現四川北路1881弄）。1929年遷至北四川路底施高塔路（今山陰路）11號，主要經售日文書籍。20世紀20年代後期，書店大量發售日本改造社出版的《現代日本文學全集》、《經濟學全集》、《馬克思恩格斯全集》、《世界文學全集》、《大眾文學全集》等書。還發行當時被禁售的魯迅著作《偽自由書》、《南腔北調集》、《准風月談》等，並代售魯迅自費出版的《鐵流》等六種文學讀物。魯迅常來內山書店購書、會客，並一度在此避難。書店成為中日文化交流的橋梁。

內山完造塑像

左聯紀念館

左聯紀念館在今多倫路201弄2號，原中華藝術大學舊址。是一幢坐北朝南、磚木結構三層樓洋房。屋前有花園，外有圍牆。1930年3月2日，在中國共產黨領導下，中國左翼作家聯盟成立大會在此召開，出席會議有50餘人，潘漢年代表黨在會上講話，魯迅作了《對於左翼作家聯盟的意見》講演。大會推舉魯迅、沈端先、錢杏村、田漢、鄭伯奇、洪靈菲為常務委員，周全平、蔣光慈兩人為候補委員。現左聯紀念館是上海市文物保護單位。

孔公館

孔公館位於多倫路250號，是一座二層樓建築，占地面積1080平方公尺。這裡曾是原國民黨政府財政部長孔祥熙的官邸，因而得名。無論是內部裝潢或是整體、局部都極明顯地凸現出伊斯蘭建築風格特徵。它的外牆面綴滿了細紋抽紗的阿拉伯紋案浮雕，門框、窗框均為修長的橢圓形，上部分為馬蹄形拱券，內緣裂成鋸齒。進入大門是滿堂生輝的彩色貼面的瓷磚和地磚。從扶梯到扶手一直到天花板，無一不是雕紋刻鏤，精美絕倫，精緻細膩。

華東 山東

🌐 行政區劃

　　山東省簡稱「魯」，因處於太行山之東而稱山東。位於中國東部沿海，地處黃河下游，東臨黃海，北濱渤海，全省包括半島和內陸兩部分。東部山東半島突出於黃海和渤海之間，北與遼東半島相對，東與朝鮮半島、日本列島隔海相望。陸地部分自北而南分別與河北、河南、安徽、江蘇毗鄰。地理位置處於東經114°50'～122°50'、北緯34°30'～38°15'之間。全省總面積15.67萬平方公里，約占全國總面積的1.6%。全省大陸海岸線3024.4公里，約占全國大陸海岸線的1/6，僅次於廣東省和福建省，位居全國第三。沿海灘塗面積約3000平方公里，近海海域面積達17萬平方公里。現轄17個地級市、56個縣、26個縣級市、55個市轄區。省會濟南市。

濟南市

　　濟南市又名「泉城」，為山東省省會，位於山東省中部、泰山山脈北緣、黃河南岸，是國務院公布的歷史文化名城之一。全市面積8177平方公里，現轄6區1市3縣，全市總人口706萬。濟南素有「齊魯雄都、海右名城」之稱，是中華民族文明歷史的窗口，擁有眾多的名勝古蹟。濟南在新石器時代就是龍山黑陶文化的發祥地。宋政和六年設濟南府，1929年析歷縣城、商埠及其四郊正式設濟南市。20世紀50年代以來初步建成以機械、紡織、食品、電子等部門為主的綜合性工業城市。市內有大專院校10多所，還有眾多的名勝古蹟和各種湧泉。1990年濟南被列入中國沿海經濟開放區。

青島市

青島市位於山東省東部。南濱黃海，西臨膠州灣，是膠濟鐵路的終點，中國的優良海港之一。全市面積10654平方公里，現轄7區3市，人口920萬。青島原為一漁村，昔稱膠澳，1891年清廷議設防，為建設青島的開始。1929年設青島特別市，1930年改青島市。青島是山東省最大的綜合性工業城市和港口。1984年闢為對外開放城市。工業有紡織、機械、化工、石油化工、鋼鐵、橡膠、榨油、麵粉、捲煙等。港口可泊萬噸貨輪。青島夏季涼爽，是全國聞名的旅遊及療養城市。海濱有海產博物館和海水浴場。名勝有魯迅公園、中山公園、前海棧橋、嶗山風景區等。

濟南市夜景。

煙台市

煙台市是山東省轄市，國家沿海開放城市之一，位於省境東北部，面積13746平方公里，轄4區1縣7個縣級市，人口700萬，以漢族為多，還有回、滿、朝鮮等20多個少數民族。煙台古為東方青州隅夷地，地形以低山丘陵為主。主要河流有五龍河、大沽夾河、界河。工業主要有冶金、電力、化工、食品等門類。農業主產小麥、玉米。沿海有廣闊的漁場，盛產對蝦、海參、鮑魚、扇貝等海珍品。地下礦藏豐富，有金、銅、鋅、菱鎂、石墨等70多種。已探明的黃金儲量居全國第一位。煙台市擁有眾多名勝古蹟，如蓬萊閣、秦始皇東巡的射魚台遺址等。

威海市

威海市是山東省轄市。位於省境東部，山東半島東端，是沿海對外開放城市之一。面積5436平方公里，轄2區2個縣級市。人口280萬，以漢族為多，有滿、朝鮮、佤等36個少數民族。殷商至春秋，這裡是萊夷之地，1398年設威海衛，威海之名始於此。境內以輕工、紡織、機械、電子等行業為支柱。威海市依山傍海，兼得山海之利，對發展漁業、果業、種植業、畜牧業生產具有優勢，是山東省重要的商品糧、花生、水果、海產品生產基地和重點產區。

青島市鳥瞰。

👤 人口、民族

山東是中國人口總數和人口密度都較大的省分，2016年底總人口9946萬。山東省的人口多分布於平原地區，山地和丘陵地區的人口分布相對較少。濟南、青島、淄博等城市和郊區，灌溉發達的河谷平原，人口密度都在每平方公里600人以上。鐵路沿線人口大大高於濱海平原，如黃河三角洲沖積平原、萊州灣濱海平原的人口密度遠不如平原及鐵路沿線。人口大量集中的城市有濟南、青島等。山東是一個多民族雜居的省分，全省共有55個民族，其中漢族人口占總人口的99.32%。而在少數民族人口中，以回族人口為最多，約占全省少數民族人口總數的90%以上。

🏛 歷史文化

山東省自古就是中國政治、經濟、文化的中心地區之一，齊魯文化在中國傳統文化中占有重要地位。春秋戰國時期，山東東部是齊國，西部是魯國，故山東又稱「齊魯之邦」。北辛文化、大汶口文化、龍山文化遺址都出現在山東地區。山東省還是漢唐絲綢貿易的主要供貨地，是絲綢之路的源頭。山東在歷史上曾出現了一大批對中華文化乃至世界上文化產生巨大影響的歷史文化名人，如孔子、孫武等。

魯國編寫的《春秋》。

大汶口文化

大汶口文化屬黃河下游地區的新石器時代文化，因1959年發現於山東省泰安縣大汶口而得名。其年代約始於西元前4300年，到西元前2500年發展成山東龍山文化。大汶口文化以農業經濟為主，種植適合黃河流域的耐旱作物——粟。農業生產工具有石鏟、鹿角鋤等，木質農具如耒、耜等已經出現。大汶口文化的陶器製作工藝很高，其最高水準的代表為薄胎高柄杯，集實用性和觀賞性為一體，後發展成為龍山時代的蛋殼黑陶。隨葬豬下頜骨成為當時的風尚，豬顎骨的多少成為衡量財富占有量的尺規。

大汶口文化·嵌松石骨雕筒。

魯國編《春秋》

周平王四十九年（前722）春天，魯國開始編《春秋》。《春秋》是魯國國史，也是中國現存最早的編年體史書。它的記事以魯國十二公為序，起於魯隱公元年（前722），終於魯哀公十四年（前481），共242年。它所記魯國十二公的世次年代，經後人考證完全正確；所載日食與西方學者所著《蝕經》比較，互相符合的有30多次。《春秋》是中國第一部史傳散文作品，它開創了一種新的文學體裁；為後來諸子百家競相著書立說開了風氣之先。

孟子

孟子是戰國中期儒學大師，名軻，鄒人，曾受業於孔子之孫子思的門人。孟子有著述七篇傳世。流傳至今的《孟子》，司馬遷認為是由孟子和他的學生共同編纂而成的。從書中可看出孟子的一些言論和思想。在人性方面，主張性善論。認為人生來就具備仁、義、禮、智四種品德。人可以通過內省

山東鄒城孟府內的禮門義路。

山東青州李清照祠雪景。

去保持和擴充它,否則將會喪失這些善的品質。在社會政治觀點方面,孟子提出仁政、王道的理論。仁政就是對人民「省刑罰,薄稅斂」。他從歷史經驗總結出「暴其民茂,則以身弒國亡」,又說三代得天下都因為仁,由於不仁而失天下。他又提出「民貴君輕」的主張,認為君主必須重視人民,「諸侯之寶三:土地、人民、政事」。君主如有大過,臣下則諫之,如諫而不聽可以易其位。至於像桀、紂一樣的暴君,臣民可以起來誅滅之。他反對霸道,倡行仁政。孟子繼承並發揮孔子的學說和思想,是僅次於孔子的最有影響的儒家宗師,有「亞聖」稱號。

李清照

李清照(1084~1155),號易安居士,濟南章丘人,是中國文學史上一位傑出的女詞人。她早年跟隨父親李格非住在汴京、洛陽,受過很好的文化教育。她工詩,能文,更擅長詞。從藝術成就上看,李清照的詞超過了詩和文。創作風格因她在北宋和南宋時期生活的變化而呈現出前後期不同的特點。前期的詞比較真實地反映了她的閨中生活和思想感情,題材集中於寫自然風光和離別相思;到南宋時期,李清照的作品出現了比較明顯的變化。她作品的思想性提高了,表現出密切關心國家命運的高度愛國精神。國破家亡後政治上的風險和個人生活的種種悲慘遭遇,使她的精神很痛苦,因而她的詞作一改早年的清麗、明快風格,而充滿了哀婉、淒切之音。李清照詞的藝術成就在中國文學史上占有重要的地位。

辛棄疾

「袖裡珍奇光五色,他年要補天西北。」這豪情萬丈的詞句出自南宋著名詞人、抗金名將辛棄疾之口。辛棄疾(1140~1207),字幼安,號稼軒居士,山東歷城(今山東濟南市)人。辛棄疾因報國無門,壯志難酬,而將大部分精力與才情用於填詞,在詞的藝術領域進行了多方探索,成為南宋最傑出的詞人之一。他的詞按內容分為三類:一類是歌頌抗金,收復中原,直接抒發自己愛國情操、理想抱負的篇章;一類是反映生活和情趣的歸隱詞,詞中染有時代特色,體現了一代英豪的困頓處境;還有一類是農村與愛情題材詞,充滿著濃烈的鄉土氣息,也寄寓了作者的美好願望和理想。辛棄疾善於營造意境,其詞用典、用

事，體現了本地風光。他在藝術上的成就，使其詞形成獨特的風格，後世稱為「稼軒體」。

戚家牌坊

戚家牌坊建於明嘉靖四十四年（1565），坐落在戚繼光祠堂南一百公尺處的牌坊裡街東西兩端，是為襄揚戚景通、戚繼光父子的抗倭功績而建的。東為「母子節孝」坊，西為「父子總督」坊。「父子總督」坊為四柱三間五樓雲簷多脊花崗石雕坊，高9.3公尺，寬8.3公尺，飾魚龍鳥獸紋，構圖豐滿、雕刻精美。戚繼光（1528～1588），字元敬，號南塘，其父戚景通為人剛直，通曉邊事，曾歷任備倭、戍邊要職。戚繼光繼承父業，守邊抗倭，是明朝著名的軍事家、民族英雄。

戚家牌坊。

地貌

山東省地勢中間高、四周低。最高峰是中部的泰山玉皇頂，海拔1532.7公尺，突起在華北平原東部。東邊呈丘陵性半島伸入黃海與渤海之間。山地與丘陵面積約占全省的35%，平原約占55%，河湖與窪地約占10%。全省地形可分為膠東丘陵、膠萊平原、魯中南山地、魯西部與北部平原等四部分。全省以平原低地為主，而山地丘陵一般低緩開闊，雖然面積較大，但起伏平緩，適於林果業的發展。

山東半島

山東半島是中國三大半島之一。位於山東省東部，突出於黃海、渤海之間。因地處膠萊河以東，又稱膠東半島。島上的山地丘陵間有桃村地塹盆地、萊陽斷陷盆地和膠萊凹陷平原等。山東半島海岸蜿蜒曲折，港灣岬角交錯，島嶼羅列，是華北沿海良港的集中地區。膠州灣的青島、芝罘灣的煙台、威海灣的威海、石島灣的石島和龍口均為中國著名港口。山東半島經濟開發較早，春秋時代，漁鹽業已逐步發展。戰國時代的冶鐵業和絲麻紡織業就已具有較高水準。

膠東丘陵

膠東丘陵位於沂沭斷裂帶以東的山東半島上，是古老岩石經長期侵蝕呈現出的低丘廣谷形態，海拔多在400公尺以下，嶗山、大澤山北峰頂、艾山、崑嵛山泰薄頂等少數孤峰，海拔800公尺～1100公尺。膠東丘陵在高度上大大低於魯中南山地丘陵，只有在抗風化能力較強的地段，形成突兀的山峰。主要類型有：中度切割的剝蝕中低山地丘陵、弱切割構造剝蝕低山丘陵、構造剝蝕丘陵地形和剝蝕堆積盆地。盆地主要有諸城盆地、膠萊盆地、萊陽盆地等。堆積、剝蝕平原多分布在山前與沿海地帶。

蒙山

蒙山是山東省中部名山，又稱東山，屏峙於平邑、費

崂山形成於太古代。山體由灰黑色花崗岩組成，群峰削玉，泉石秀潤，更兼山海之勝，愈顯雄奇壯異。

縣和蒙陰三縣間。山脈作西北—東南走向，山嶺多呈平行的帶狀分布。主峰龜蒙頂海拔1156公尺，為省內第二高峰。蒙山屬單面山型，南麓有蒙山大斷裂，山勢陡峻；北側雖也有斷裂，但坡度較緩。山體由太古界斜長角閃片麻岩及花崗岩組成，北坡主要為寒武、奧陶系灰岩及葉岩。溝谷水流分向南北，南部屬沂河流域，北部為大汶河、泗河流經之地，各河支流多呈直角交匯，形成方格狀水系。蒙山與沂山合稱為沂蒙山區，為抗日戰爭期間重要的革命根據地之一。沂蒙山區金剛石原生礦

總儲量為2240公斤，居中國第一位。

魯中南山地

　　魯中南山地是一個中部凸起的斷塊山，北側的沂山、魯山、泰山較高大、完整，南側的蒙山等較破碎。各山峰海拔1000公尺～1100公尺，唯有泰山拔出群峰。這裡有很多岩溶中低山地，岩溶地貌發育良好，主要有溶溝、溶槽、石灰岩洞等，還有許多剝蝕堆積平原盆地，如肥城盆地、大汶口——汶陽盆地等。此外，魯中南山地還有侵蝕堆積谷地。

Travel Smart

萊州灣

萊州灣是中國渤海三大海灣之一，為山東省重要的漁鹽生產基地，位於渤海南部。萊州灣是受郯（城）一廬（江）大斷裂帶控制、由斷塊凹陷而形成的海灣。灣岸屬淤泥質平原海岸，岸線順直，多沙土淺灘。由於膠萊河、濰河、白浪河、彌河，特別是黃河泥沙的大量攜入，海底堆積迅速，淺灘變寬，海水漸淺，灣口距離不斷縮短。萊州灣灘塗遼闊，河流裹挾來的有機物質豐富，盛產蟹、蛤、毛蝦及海鹽等。沿岸工農業發展迅速。龍口港、羊角溝港為山東省重要港口。

水系

　　山東省河流較多，長度在5000公尺以上的達千餘條，分屬黃河、淮河、海河和邊緣水系。黃河是山東省內最大的河流，從東明縣入省境後，向東北蜿蜒達600餘公里，在墾利縣注入渤海。京杭大運河橫過黃河，是山東省的第二大河。其餘多為短小獨流水系。湖泊集中分布在魯中南山地丘陵區、魯中西南平原之間的魯西湖帶，以濟寧為中心，以南為南西湖，以北為北五湖，主要湖泊有微山湖、東平湖等。

南四湖中的微山湖是山東主要的淡水魚產區，湖中漁帆點點。

東平湖

　　東平湖是黃河下游的老年性淺水湖泊，是山東省第二大淡水湖和漁業基地。該湖位於魯西南，地處梁山、東平和平陰三縣間，為古梁山泊的殘留部分，由黃河氾濫積水而成。注入東平湖的主要河流是大汶河。為保障黃河汛期行洪安全，1958年將湖區向南擴展，修建了東平湖水庫，主要承擔黃河的滯洪任務。新老湖區共占地600多平方公里，平時二級湖區廣植小麥、大豆、玉米及紅麻等作物，是魯西南重要的糧、麻產區。東平湖水源充足，水量較大，污染較輕，淤泥深厚，水質肥沃，浮游生物、底棲動物及水生植物資源豐富。湖南有梁山，相傳北宋末年宋江領導的農民起義軍曾以此為根據地。東平湖與馬踏湖、南旺湖、蜀山湖和馬場湖一起總稱為「北五湖」，與「南四湖」相對應。

南四湖

　　南四湖是微山、昭陽、獨山、南陽四個串連湖的總稱，因在濟寧之南而得名，是中國北方最大的淡水湖。湖面南北長約125公里，東西寬5.6公里～30公里，總面積約1266平方公里。南四湖匯集蘇、魯、豫、皖4省3.17萬平方公里面積的來水，入湖河流40多條，呈向心狀水系。經調蓄後，湖水由韓莊運河、伊家河和不牢河三個口流出。上下兩級湖總庫容63.7億立方公尺，環湖大小支流汛期洪水匯集後，南出韓莊運河與不牢河泄入中運河。微山湖中微山島上有殷微子墓和漢張良墓等古蹟；沿湖有多處鐵道游擊隊活動的舊址。南四湖地區是中國重要的能源基地之一，煤炭資源豐富，棗莊、賈汪煤礦開採歷史悠久，還有兗州、滕南和大屯等煤礦；建有韓莊、大屯等大型坑口電站。

東平湖的湖區景色優美，加上有宋江寨遺址，已將部分湖區開發為旅遊風景區。

氣候

　　山東屬暖溫帶季風氣候，全省溫暖濕潤，水熱條件較同緯度內陸地區更佳。氣候特點是：春季乾旱多風，夏季炎熱多雨，秋季天高氣爽，冬季乾燥寒冷。年均溫為11℃～14℃，由南向北遞減。極端最高溫在37℃～43℃之間。省境光照充足，年降水量500～1000毫米，由東南向西北遞減。山東半島及泰魯沂山地以南地區春旱不重，魯西北時有春旱。降水季節分配不均，夏季雨熱同期，對農業生產有利。

自然資源

　　山東省資源豐富，門類較多，儲量大，品質優，分布廣泛，有的在全國占有重要地位。黃金、自然硫、石膏等儲量居全國第一位；石油、金剛石的儲量在全國位居第三。此外還有鉀鹽、沸石等多種礦產。山東的地形複雜，氣候多樣，適宜許多生物的生存繁衍。省境內的生物資源比較豐富，有陸棲野生脊椎動物450種，無脊椎動物，特別是昆蟲種類繁多，居全國前列；山東有各種植物3100餘種。青島百合、文昌魚、中華鱘等珍稀動植物都見於山東。

金礦

　　金礦是山東省的優勢資源，儲量、產量均居全國首位。已探明的金儲量占全國探明儲量的1/3以上，產量占全國的1/4以上。山東的金礦多分布在魯東地區，主要工業礦床分布在萊州三山島—焦家—新城地區、招遠玲瓏地區、乳山—牟平水道一帶。著名的焦家金礦區，是中國目前已知最大的金礦床之一，礦床成因屬破碎帶蝕變岩型。山東蝕變岩型金礦儲量大，頗有遠景。魯東金礦資源豐富，魯中、魯西南等地區也具有成金的良好

山東出產的藍寶石顏色純正、品位極高，深受人們的喜愛。

地質條件，隨著勘探、普查工作的深入，可望成為山東金礦新的遠景區。

藍寶石

　　山東的藍寶石礦產主要存在於沂沭斷裂帶中，含礦面積350～400平方公里。山東藍寶石的顏色豐富多彩，以藍色為主，並有其他各成色（統稱豔色藍寶石）。藍寶石顆粒粗大，有品質純、晶體完好、透明度較高等特點。此寶石及其鑲嵌飾品占據國內市場，無論在儲量、產量和品質上均居全國之首，深受人們的喜愛。世界各國的藍寶石均為砂礦類型，而山東藍寶石的原生礦和砂礦同樣具有開採價值。砂礦分布在昌樂五圖，喬官、南郝、北岩、濰城區的大柳樹、苻山等地，青州的東南部和臨朐的東部地區也有發現。

山東出產的金礦石含金量高，質地優良，儲量、品質在中國都高居首位。

勝利油田

山東的勝利油田是中國50年代初發展起來的中國大油田，已探明的儲量估計占保有量的95%以上。勝利油田的主體在東營市，黃河尾閭的西側，其中還包括淄博、煙台、濱州等八個地區。勝利油田儲量豐富，目前已建成為中國東部最大的石油工業基地。

青島百合

青島百合是百合科植物。多年生草本，高40～85公分，鱗莖近球形，鱗片披針形，無節。葉片多為輪生，有1～2輪，還有少數為散生葉，每輪有葉片5～14片。花單生，2～7朵排列成總狀花序，向上開放，花瓣質地厚而有光澤，橙黃色或橙紅色，有紫紅色斑點，花被片張開而不反捲。分布於山東、安徽，生長於海拔100～400公尺處的向陽坡。

青島百合。

白肩鵰

白肩鵰又叫老鵰、御鵰。全身羽毛黑褐色，背部有光澤，並且有顯眼的白色肩羽，因而被命名為「白肩鵰」。牠們一般生活於海拔1300～1400公尺的山地中，但也可在草原、丘陵、河流的砂岸棲息。白肩鵰通常捕食鼠類和野兔，在密林中築巢並繁衍後代。白肩鵰已被列為國家一級保護動物。

🏭 經濟

山東省是中國的經濟大省，經濟發展較快。山東的農業發達，是中國重要的農產品基地，農業總產值占全省國內生產總值的14.8%。山東是全國最大的「菜籃子」工程基地，長期向北京、上海等大城市供應蔬菜。由於山東的基礎設施條件優越，工業也得到快速發展。產業升級和技術進步的速度不斷加快，形成了一批具有一定影響力的優勢企業和名牌產品。此外，豐富的自然資源也為山東的經濟發展帶來優勢。隨著省內工、農業的飛躍，山東的第三產業也迅速崛起。

白肩鵰。

農業

山東省為全國經濟作物的重點產區之一。種植業是省內農業的主要生產體系,主要糧食作物有小麥、玉米等。棉花、花生產量均居全國首位,烤煙、麻類的產量也很大。棉區集中分布在德州、聊城、菏澤、濱州、濟寧、濰坊等地。花生是山東省的第二大經濟作物,花生籽粒碩大,品質優良,是重要的油料外貿出口商品,出口量占全國一半以上。山東還是中國蔬菜的重點產地,種類繁多,品質優良,每年約調出各種乾鮮菜近40萬噸。還以名特產為中心,建立了大宗商品菜生產基地。膠州大白菜、章丘大蔥、蒼山大蒜、萊蕪生薑、濰坊青蘿蔔均為名產。山東的葡萄品質優良,帶動了葡萄酒釀造產業的迅速發展。

工業

山東省的工業門類較齊全,輕重工業都有較大的生產能力。全省工業形成以能源、機電、化工、紡織、食品、建材、冶金、石油為支柱的行業體系。其中紡織工業是全省最重要的工業部門,包括棉、毛、絲、麻、針織、印染、化纖等多種行業。青島市是最大的紡織工業中心,其次為濟南,有數座大型紡織印染廠。絲織業集中的周村、青島,可織造綢緞和印花絹綢。近年毛紡織業有較大發展,化纖生產也初具規模。山東還是中國北方的陶瓷基地之一,淄博陶瓷製品產量大,品質好。

青島港是山東省最繁忙的貨運港口。

交通

山東省境內的鐵路有縱向的京滬線和橫向的膠濟線、藍煙線和新兗線、兗石線等。濟南、兗州、淄博是地區鐵路樞紐。京九鐵路經過山東西部臨清、聊城和菏澤。隨著京滬高鐵正式開通,在山東有6個站點的京滬高鐵串起了山東西部及西南部。省內有縱向的206國道、205國道、104國道、105國道等公路縱跨東南隅,橫向有310國道穿過南隅。濟南、淄博、濰坊、膠州、萊陽等是省內公路樞紐。海港有青島、煙台、龍口、日照、黃島、石島、威海等。內河航道1849公里,多為季節性航道。在航空運輸方面,濟南、青島、煙台、威海有飛機場。闢有省內航線和到北京、上海、深圳、珠海、香港、澳門等地的國內航線。

隨著經濟的飛快發展,山東的交通也得到不斷改善和提高。圖為山東煙台至威海的高速公路。

✈ 旅遊地理

　　山東省在中國古代文明中居重要地位，大汶口文化是中國最早的文化代表之一。山東文物古蹟遍布全省，僅省級以上的重點文物保護單位即達157處。曲阜「三孔」、鄒城「三孟」、蓬萊閣及水城、中國四大名剎之一的靈岩寺、臨沂銀雀山、金雀山漢墓群、德州蘇祿王墓等最為有名，曲阜、濟南還是歷史文化名城。山東自然旅遊資源同樣豐富。泰山為五嶽之首，以雄著稱；嶗山臨海峙立，為道教聖地；千佛山層巒疊嶂；淄博岩溶石灰岩洞規模之大在北方屈指可數；大明湖與七十二泉使濟南獲「泉城」美譽；魯西帶狀湖群（以微山湖最大）風光撩人。山東沿海多良港和海水浴場，青島、煙台、蓬萊、威海等都是避暑勝地，長島列島海水潔淨，沙細灘平，美石如玉，石英岩構成奇詭的景色。

泰山

　　泰山是中國五嶽之一，古稱岱山，亦名岱宗。春秋時改稱今名。主峰位於山東泰安城北，海拔1532.7公尺。泰山形成於太古代，因受來自西南和東北兩方面的擠壓力，褶皺隆起；經深度變質而形成中國最古老的地層——泰山群；後因地殼變動，被多組斷裂分割，形成塊狀山體。泰山現以每年0.05公釐的速度繼續增高。泰山山勢突兀峻拔，群峰爭奇，丘壑林泉，飛瀑松濤，景色壯麗，總面積約426平方公里，擁有眾多的名勝古蹟，堪稱天然的歷史、藝術博物館。1987年被聯合國教科文組織列入《世界遺產名錄》。泰山上下，山南山北分為六大景區，風景向來晴雨各異，以麗、妙、幽、奧、曠、秀為特色。主要風景名勝點有56處，如泉水甘洌的五盤池、古柏參天的柏洞、猶如雲梯的十八盤、聳入雲端的南天門、白練高懸的黑龍潭瀑布等。歷代摩崖刻石1000多處，如「秦二世泰山石刻」、經石峪北齊人刻的「金剛般若波羅蜜經」、唐玄宗「紀泰山銘牌」等，均為不多見的歷史文物。泰山封禪被歷代帝王

登泰山有多條通路，每條登山路的景觀各異。圖為泰山東路古道後山塢。

視為最高權力的象徵，歷代帝王多來此朝拜，進行封禪大典。周朝以前就有眾多君主來此祈禱，周以後，秦始皇、漢武帝、唐高宗、宋真宗、清康熙、乾隆等都曾到泰山祭天封禪。2000多年的封禪活動，使泰山愈顯五嶽中獨尊的地位，也因此留下了豐富的文物古蹟。歷代文人遊客也紛至沓來，遊山朝聖，賦詩題記，使泰山成為罕見的歷史人文薈萃的遊覽勝地。登泰山可分東路與西路，交匯於中天門直達岱頂。岱頂可觀「旭日東昇」、「雲海玉盤」、「黃河金帶」和「晚霞夕照」四大自然奇觀。著名的文物古蹟有岱廟、王母池、紅門宮、斗母宮、五松亭、南天門、碧霞祠等。

趵突泉

濟南，有泉城之稱，有趵突泉、珍珠泉、黑虎泉和五龍潭四大泉群，共有72名泉，其中趵突泉泉群為濟南泉群之冠。趵突泉是濟南的象徵與標誌，有「七十二名泉之首」的盛譽。它與大明湖、千佛山並稱為「濟南三勝」，趵突泉位於濟南市中心。「趵突」兩字是形容

泉水跳躍奔騰的聲音，在略呈方形的石砌泉池中，泉水自地下以三股湧出，水湧若輪。水盛時，湧水量可達1.6立方公尺／秒。趵突泉水清澈甘冽，水溫恆定在18℃左右。泉北有初建於宋代的濼源堂，泉西為明建的觀瀾亭，側立有明清石碑。泉南為半壁廊和水榭，泉東為來鶴橋。趵突泉及附近的金線泉、馬跑泉、臥牛泉等名泉同屬於趵突泉群。1956年以後，將這些泉劃為一區，闢為趵突泉公園。

嶗山道觀

嶗山群峰削玉，泉石秀麗，更兼山海之勝，愈顯雄奇壯異。嶗山自古便是道教聖地，為道教全真天下第二叢林，全盛時有九宮、八觀、七十七庵，現今香火最盛的兩座道觀為太清宮和上清宮。太清宮又稱下清宮、下宮，在嶗山東南蟠桃峰下，嶗山灣畔，三面環水，一面環山，環境清幽。它創建於西漢建元元年（前140），現存三宮殿、三清殿、三皇殿三院。三清殿前碧水一泓，宮中道士名之為水泉，大旱之年亦不涸竭。上清宮又稱上宮。在嶗山東南部龍潭瀑北，太清宮西北。此宮原在山上，名嶗山廟，據傳漢代名士鄭玄曾設帳授徒於此。該宮於宋初改建，太宗賜名上清，後被山洪沖毀。元大德年間

經石峪在泰山斗母宮東北的山峪中，大片石坪上刻著金剛經文，原有2500餘字，共29行。經1400餘年的風雨剝蝕，尚存1067字，篆隸兼備，書法剛健質樸，雄奇壯觀。這一書法石刻被譽為「大字鼻祖、榜書之宗」，是千年的書法傑作，堪稱中國文化瑰寶。

📖 Travel Smart

十八盤

從中天門登泰頂，剛出發的三里路平緩坦蕩，俗稱「快活三里」。過雲步橋後，山勢陡峭，從開山到南天門則全為登山盤道，被譽為「天梯」，俗稱「十八盤」，又有「緊十八，慢十八，不緊不慢又十八」之說。世以「九」為極數，「十八」為「九」的雙倍，極言其盤曲之多。有細心人作了劃分：從開門到龍門坊為「慢十八盤」，台階393級；龍門坊到升仙坊為「不緊不慢十八盤」，676級；升仙坊到南天門為「緊十八盤」，473級。整個十八盤全長僅1000公尺，垂直高度卻有400公尺，盤道79盤，石階1633級，為登泰山最艱險處，也是看泰山交通、民俗的最緊要處。

碧霞祠是泰山極頂最大的古建築群，始建於宋朝大中祥符年間，內祀碧霞元君。碧霞祠金碧輝煌，儼然天上宮闕。

（1297～1307），華山派道士李志明重建於今址，歷代均有增修。宮觀環境清幽，多奇花異卉。

棧橋

棧橋坐落在青島市南部的青島灣，是中國著名的海上長廊，北端與市內最繁華的中山路相連，由海岸延伸入海，是青島市的象徵。棧橋始建於清光緒十七年（1891），原為一座供軍用的鐵木橋，1931年改建為鋼筋混凝土結構。棧橋長為440公尺，寬10公尺，北段與陸地相連，近岸處築石基，入海部分為鋼架結構。南段伸入海中，建有三角形防波堤，盡頭處的防波堤上建有一座雙層八角亭，名為迴瀾閣。迴瀾閣綠脊紅瓦，黃柱朱壁，二層八角重簷，中有螺旋形樓梯，登閣憑窗遠眺，諸島隱現於雲海之間，猶如海上仙山。棧橋東南海面的小青島，又名「琴島」，中間有長與陸地相連。小青島上聳立著的燈塔，則是航行的標誌。

成山頭

成山頭又叫成山角，又名「天盡頭」，有「中國好望角」之稱，位於山東半島最東端。這裡三面環海，一

太清宮的神水泉以及由數股泉水彙集形成的潮音瀑，這些泉和瀑的水就是享譽中外的嶗山礦泉水。

Travel Smart

濟南荷花

濟南市的市花為荷花。濟南市民自古愛蓮，因此，每年有兩次荷花節，即農曆六月二十四日，俗稱荷花生日，大明湖中有迎荷花神節；而農曆七月三十日，為舊日的盂蘭盆會，濟南則稱為送荷花神節。每年7月，大明湖中都有荷花展，此時，湖中「接天蓮葉無窮碧，映日荷花別樣紅」。大明湖內成千上萬的荷花，形成一個巨大的荷花會，讓人目不暇接。

成山頭山石巍峨峻峭，如巨龍翹首大海。

面接陸，群峰蒼翠連綿，大海浩瀚碧藍，峭壁巍然，巨浪飛雪。據史書記載，秦始皇曾兩次駕臨此地，拜祀日主，求尋長生不老之藥，留下了「秦橋遺跡」、「秦代立石」、「射鮫台」、「始皇廟」及李斯手書「天盡頭秦東門」等古蹟。成山頭山石陡峭，水流迴旋湍急。山頭前端圍有鐵欄，憑欄遠眺，闊海雲天，空氣清新。此處又是國際航道，既可看到萬噸巨輪乘風破浪，又可觀賞漁帆點點。附近還有雞鳴島、鳥島，都是海鳥的樂園。

千佛山的千佛崖上，數百尊佛像散落於藤蘿苔蔓之間，全為隋唐時代的雕像，其神態靈活，刻工精湛。

Travel Smart

挑山工

泰山頂上的建築材料和日用物品，自古多靠肩挑運輸。因此，泰山的挑夫也就成了泰山的一景。挑夫的工具很簡單，一條扁擔兩根繩。行走起來，一步步踏登石階，要的是落地生根，不緊不慢，有後勁。挑運總是一氣呵成，一般中途不歇息。看起來行走得並不快，但因為不停不歇，百斤擔子他們卻能一日登頂往返兩次。很多作家也在文學作品中塑造過泰山挑夫的形象，把他們當成奮鬥不息的典型。尤其是天津作家馮驥才筆下的《挑山工》，他們是泰山的象徵，也是中華民族的象徵。如今在泰山上仍然可以看見那些奔走在山路上的挑山工們。

蓬萊水城

蓬萊位於山東半島的最北端，蓬萊水城位於蓬萊市城北丹崖山東麓。北宋慶曆二年（1042），為防禦契丹在此設「刀魚寨」。明洪武九年（1376）為防禦倭寇侵擾，於「刀魚寨」舊址修築水城，稱「備倭城」。水城為土、石、磚混合結構，沿丹崖絕壁向南構築，蓬萊閣即坐落在水城西北角城垣之內。水城呈長方形，出於軍事需要，水城僅開二門。南為振陽門，與陸路相聯；北為水門，由此出海。小海居城正中，呈窄長形，用於停泊艦船、操練水師。整個水城由小海、水門、城牆、炮台、空心台、碼頭、燈樓、平浪台、防波壩等部分組成，負山扼海，進可攻退可守，是中國現存的古代海軍基地之一，在中國海港建築史上占有重要地位。

千佛岩石窟造像

千佛岩石窟造像位於濟南市歷城區柳埠鎮與四門塔隔谷相望的白虎山崖上，是山東唐代造像的主要遺存。千佛崖南北長65公尺，有大小窟龕100多個，佛造像200餘尊，題記43則，較大的石窟有5個，多屬貴族或平民為先人「祈禱」之作。千佛崖中部的懸崖上，有一群體造像，大小均勻，多為坐佛的形式，共35尊，北邊大佛高2.8公尺，南邊佛像高2.65公尺。南端第一窟內修坐佛一尊，面相豐滿安祥，衣紋細密流麗，雕刻技法嫻熟精練。千佛岩佛像雕刻精巧，線條流暢，體態豐腴，神態各異，惟妙惟肖，體現了隋唐時期高超的石刻造像藝術水準。

曲阜三孔

中國山東省的西南部的曲阜是孔子的故鄉。孔夫子生前在此開壇授學，首創儒家文化，為此後2000多年的中國歷史深深地打上了儒學烙印。以孔子為代表的儒家文化，按照自己的理想塑造了整個中國的思想、政治和社會體系，成為整個中國文化的基石。因此，曲阜獲得了「聖城」的盛譽，自漢高祖劉邦於西元前195年十二月，以最高的太牢之禮親自到曲阜祭祀孔子以來，無論太平盛世還是烽火連天，歷代帝王都要親自致祭，或派官員致祭。隨著歷史的變遷，原來由孔子故居改建的孔廟到明代已經擴展到14餘萬平方公尺，是現今除北京故宮之外最大的中國古代建築群。孔廟旁的孔府從漢初即開始成為孔子後代專司祭祀的衙署，自北宋年間（1055）孔子46代孫被封為衍聖公以來，更是安享尊榮達千年之久。地處曲阜北部孔子家族的私人墓地孔林，整個面積比曲阜縣城還大一倍。曲阜三孔，是全中國，乃至整個亞洲儒家文化圈的文化聖地。1994年孔廟、孔林、孔府被聯合國列入《世界遺產名錄》。

孔府

孔府即「衍聖公府」，位於曲阜城中，緊鄰孔廟，是孔子嫡長孫世襲衍聖公的衙署和府第，也是中國僅次於明、清皇帝宮室的最大府第。現占地16萬平方公尺，有廳、堂、樓、軒等各式建築463間。三路布局，九進院落，東路為家廟，西路為學院，中路為主體建築。孔府是中國傳世最久、規模最大的封建貴族莊園。

孔廟

孔廟即「至聖廟」，是中國古代祭祀孔子的禮制廟宇。它位於曲阜城正中，是一組具有東方建築特色、規模宏大、氣勢雄偉的古建築群，被古建築學家稱為世界建築史上「唯一的孤例」。孔廟與北京故宮、承德避暑山莊並稱中國三大古建築群。它仿照皇宮之制，有殿、堂、壇、閣460多間，門坊54座，御碑亭13座。

孔林

　　孔林亦稱宣聖林、至聖林，位於曲阜城北約1100公尺處，占地約2平方公里，是孔子及其家族的專用墓地，也是目前世界上延時最久、面積最大的家族墓地。孔林內有墳塚10萬餘座，歷代石儀85對，墓碑400通，喬木42000餘株，已延續2400餘年。

孔府、孔林、孔廟，
並稱曲阜三孔。

孔林

曲阜孔廟

孔廟大成殿雕龍石柱

華東 江蘇

🌐 行政區劃

　　江蘇省簡稱蘇，舊時取其境內的江寧、蘇州兩府的首字命名。江蘇位於國境東部沿海，居長江、淮河下游，東瀕黃海，西鄰安徽，北接山東，南與浙江、上海毗鄰，京杭運河縱貫全省南北。地處東經116°18'～121°57'，北緯30°45'～35°20'。面積10.26萬平方公里，全省轄13個地級市、55個市轄區、20個縣和21個縣級市。省會南京市。

南京市

　　南京市是江蘇省轄市，省會駐地，簡稱寧，中國七大古都之一，位於省境西南部，面積6597平方公里。全市轄11區，人口827萬。南京歷史悠久，戰國時期越王勾踐滅吳後在今中華門西南建越城，這是南京歷史上最早的城牆。南京地處長江下游平原，境內山地、江河、平原交錯。屬北亞熱帶季風氣候區，四季分明。南京是中國東部地區重要的綜合性工業基地，電子、汽車、化工產品生產在全國位居前列。京滬、寧蕪鐵路在此交會，有60多條公路溝通境內外，南京港是全國最大的內河港，南京已成為華東地區鐵路、公路、空運、管道運輸的樞紐。南京還是全國六大通訊中心之一、長江流域四大中心城市之一。

揚州市

　　揚州市是江蘇省轄市，國家歷史文化名城之一，位於長江下游北岸，面積6678平方公里，轄3區1縣2個縣級市。人口461萬，居民以漢族為多，還有回、土家、蒙古等41個少數民族。揚州地處長江中下游平原東端，地勢由西北向東南平緩傾斜。市境內的主要河流有長江、京杭運河。屬北亞熱帶濕潤氣候區，氣候溫和，四

季分明。揚州工業以機電、紡織、輕工、化工為支柱，主要產品有汽車、船舶、內燃機等。農業較發達，素有「魚米之鄉」的美稱，主要農作物有水稻、棉花、油菜等。這裡水陸交通便捷，境內河網密布，自古水運就十分發達。境內著名的風景名勝區有瘦西湖等。

蘇州市

蘇州市是江蘇省轄市，國家歷史文化名城之一。位於省境東南部，面積8488平方公里。人口678萬，居民以漢族為多，還有蒙古、回、維吾爾、滿等23個少數民族。吳王闔閭元年（前514）建城。隋唐始名蘇州。蘇州地處以太湖為中心的淺碟形平原底部，地勢低平。境內河流縱橫、湖蕩棋布，有

揚州何園西部，水池居中，池東有四角攢尖式方亭一座，周築石欄，南北有石橋相接。

長江、婁江、京杭運河、太湖、陽澄湖等，素有「水鄉澤國」之稱。蘇州屬亞熱帶濕潤性季風氣候。市內工業有冶金、機械、電子、紡織、絲綢、工藝品等，素有「絲綢之府」、「工藝之都」的美稱。農產品以稻穀、棉花、油菜籽為主。蘇州已成為全國經濟發達地區之一，交通四通八達，京杭運河縱貫南北，滬寧鐵路、高速公路橫穿東西。蘇州還是全國10個重點旅遊城市之一。

無錫市

無錫市是江蘇省轄市，是全國重要的經濟中心城市，區域性交通樞紐和著名的風景旅遊勝地。無錫市位於省境南部，面積4787.6平方公里，以平原為主，散布低山、丘陵。中北部為太湖水網平原和沿江平原，西南部為宜溧山地。市內的主要河流湖泊有京杭大運河、太湖等。礦藏主要有陶土、石英石、大理石等。森林資源和水產資源較豐富。工業以紡織、輕工、電子為支柱產業，農作物有水稻、小麥、油菜等，是中國水稻主要產區和淡水魚養殖基地，也是江蘇省毛竹主產區和木材、茶葉的重要產區。無錫的惠山泥人、宜興陶瓷、「長江三鮮」、太湖三寶、油麵筋為名特產品。市區內有多處名勝古蹟，寄暢園為全國重點文物保護單位。

無錫的靈山大佛。

♿ 人口、民族

　　江蘇省是中國人口密度最大的省分之一，全省有人口7780萬（2016），其中以漢族占大多數，達99%以上，此外還有40多個少數民族。少數民族中以回族人口最多，其餘為滿、蒙古、壯、苗等族。由於自然條件的差異、開發歷史的先後和經濟發展水準的高低，造成江蘇的人口分布地區差異顯著。長江三角洲沿江各地水利條件好，多種經營發展，人口密度大，而丘陵山地和濱海各地，儘管面積較廣，但人口較少，人口密度不及沿江地區的一半。

🏛 歷史文化

　　江蘇省在上古是九州中徐、揚二州的一部分。春秋時江蘇一帶分屬吳、楚、宋、魯等國，戰國時分屬越、楚、齊等國。江蘇一名來源於江寧、蘇州二府的簡稱。江蘇具有悠久的歷史，是中國的文明發源地之一。人類較早就在江蘇棲息繁衍，新石器時代的湖熟文化、北陰陽營文化是迄今為止在江蘇發現的較早文化遺存。江蘇人民在此基礎上創造了燦爛的吳文化、漢文化等。隨著歷史的進一步發展，江蘇人民不斷地將它們深化，形成了自己獨特的文化形態。

孫權稱帝

　　吳黃武八年（229），孫權在武昌稱帝，改元黃龍。自建安五年（200）年僅19歲的孫權接替了其兄孫策的帝位，成為江東最高統治者。孫權對外採取了聯弱漢抗強曹的正確策略。208年孫劉聯軍在赤壁大敗曹操，鞏固了江東的統治。219年，孫權趁漢魏用兵，派呂蒙攻下荊州。221年，又派年輕不知名的將領陸遜火攻蜀軍，取得大勝。229年，孫權稱帝於武昌，國號吳，後遷都到建業（今江蘇南京）。為開發沿海，孫權於230年，派出萬人船隊，由將軍衛溫和諸葛直率領出海，到達夷洲（今台灣）。孫權的政治才能甚至得到曹操的讚揚，曹操說過：「生子當如孫仲謀。」252年，孫權去世，終年71歲，死後被追尊為吳大帝。

施耐庵與《水滸傳》

　　施耐庵生卒年不詳，生於元末江蘇省鹽城大豐縣，自幼博覽群書，一生著作甚

江蘇南京梅花山孫權墓。

清代版畫《三打祝家莊》是根據施耐庵《水滸傳》中生動驚險故事而作的。

多，但以《水滸傳》名聲最著。小說取材於北宋末年農民起義的故事。揭示了中國封建社會農民起義的發生、發展和失敗過程中的一些本質問題，同時也揭露了封建社會的黑暗。小說最突出的藝術成就是塑造了許多個性鮮明的英雄形象，如性情剛強的武松，粗中有細的魯智深，魯莽而又講義氣的李逵等眾多人物，都稱得上是中華文學寶庫中極富吸引力的人物形象。《水滸傳》在人物塑造方面的成就標誌著中國的小說人物塑造已由典型化人物上升到個性化人物的階段，著名批評家金聖歎據此將《水滸傳》與《莊子》、《左傳》並列，給予極高的評價。《水滸傳》為中國長篇章回小說的創作奠定了基礎。

徐霞客遊天下

徐霞客（1586～1641）名弘祖，字振之，號霞客，是明末傑出的旅行家、地理學家和文學家。南直隸江陰（今屬無錫市）人。他少時聰慧過人、博覽群書，22歲摒棄仕途，開始漫遊祖國。30餘年間，徐霞客的足跡遍及16個省區的名山大川，在對山脈、水道、地質、地貌等方面的研究取得了超越前人的成就，成為世界上考察、研究岩溶地貌的先驅者。他在遊歷期間，每到一地，即按日記事，將所見所聞寫成日記體裁的遊記，尤其是對山形地貌、河川地質等的記述尤為詳實。他著述《徐霞客遊記》20萬字，其中《粵西遊記》是世界上最早的關於石灰岩溶蝕

地貌的考察記錄。《徐霞客遊記》被譽為千古奇人的千古奇書。

梅蘭芳

梅蘭芳（1894～1961），本名梅瀾，字畹華，別署綴玉軒主人，藝名蘭芳，祖籍江蘇泰州。1894年10月22日梅蘭芳出生於北京李鐵拐斜街的梨園世家，是中國傑出的京崑旦行表演藝術家，舉世聞名的中國戲曲藝術大師。他是中國京劇史上鼎盛期和新中國成立後繁榮時期承上啟下最具有代表性的人物，以其精湛的藝術和高尚的品德贏得人民的高度讚賞。他在50餘年的舞台生涯中，精心創造，善於革新，塑造了眾多優美的古代婦女藝術形象，積累了大量優秀

劇碼，發展了京劇旦角的表演藝術，形成一個具有獨特風采的藝術流派，世稱「梅派」。梅蘭芳與程硯秋、尚小雲、荀慧生並稱「四大名旦」，梅居其首。他不僅在京劇旦角藝術的發展中起到繼往開來的重要作用，還是最早將中國的京崑藝術推向世界舞台的先行者。梅蘭芳曾三次訪日、兩次訪蘇、一次訪美，在國際舞台上的精湛表演使國外廣大觀眾和戲劇專家歎為觀止。通過他的不懈努力，終使京劇藝術躋身於世界戲劇之林，高居巔峰。梅蘭芳於1961年8月8日病逝於北京，終年68歲。他是中國現代傑出的京劇表演藝術家和社會活動家。梅蘭芳把畢生的精力都獻給了祖國的藝術事業，為祖國戲曲藝術的發展和國際文化交流做出了卓越的貢獻。

地貌

　　江蘇省境以平原為主，是全國平原面積比重最大的省區。平原主要屬長江下游平原和華北平原，自南到北包括南部的長江下游沿岸平原和長江三角洲平原、中部的里下河平原和濱海平原、北部的徐淮平原。江蘇省境內的低山、丘陵和岡地所占的比例很低，主要分布在盱眙——響水線以北和省境西南部。江蘇境內河網、湖泊密布。根據地貌成因和水道系統，全省可分為六大區：沂沭低山丘陵平原區、徐淮黃泛平原區、里下河低平原區、蘇北濱海平原區、太湖平原以及寧鎮揚低山丘陵岡地區。

江淮平原

　　江淮平原位於中國江蘇省、安徽省的淮河以南、長江下游以北一帶，主要分布在蘇北灌溉總渠和通揚運河之間，主要由長江、淮河泥沙淤積而成。其地勢低窪，海拔一般在10公尺以下，平原內水網交織，湖泊眾多。受地質構造和上升運動的影響，沿江一帶平原形成了2級～3級階地，分布著眾多的低山、丘陵和岡地，濱江和江心發育有面積很大的江心洲和灘地。平原處在中亞熱帶區域，水、熱資源豐富，而且無霜期較長，作物可一年三熟。江淮平原盛產水稻、棉花等，也適宜柑橘等亞熱帶果木栽培和油桐等經濟林木生長。礦產資源有鐵、銅、硫鐵礦、金、銀等。由於地勢低平，窪地較多，而且平原上河湖密布，中華人民共和國建立後，開闢蘇北灌溉總渠，修建運河堤閘和江都水利樞紐等工程，這裡的種植條件大大改善，該區已成為全省重要的農業區。

太湖平原

　　太湖平原是長江三角洲的一部分，是一個以太湖為中心的碟形窪地。碟緣海拔高不過4～10公尺，大部分為4～6公尺。平原上多孤立山地分布。太湖平原上湖蕩成群，河川縱橫交錯，河道

京劇大師梅蘭芳在《貴妃醉酒》中飾演楊玉環。

江淮平原中水網密布，農田廣布，農業相當發達。

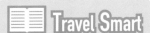

生長著的濱海平原

在串場河以東，北起射陽河，南到東串場河是不斷向海擴展的濱海平原。主要由黃河（指黃河奪淮入海時期）帶來的泥沙淤積而成。現因沙源驟減，濱海平原的擴張速度變慢，目前以大豐、東台及射陽南部的擴張速度較快，成為江蘇沿海地區海塗最寬廣的地區。濱海平原的地勢由東南向西北傾斜，東南部的泰運河一帶，海拔4.5～5.5公尺，到川東港降到3公尺左右，斗龍港降到2.5公尺上下，到西北的射陽河一帶，海拔僅1公尺左右。現黃海新堤以東20～30平方公里的海塗區，是江蘇的主要後備土地資源，可以合理的開發利用。

長約4萬公里，較大的湖蕩有250多個。太湖面積2425平方公里。其西面有長蕩湖等，東面有陽澄湖、澄湖、淀山湖等，形成以太湖為中心的湖泊群。太湖中有魚類71種，其中有經濟價值的40種，主要捕撈對象18種。太湖平原土地肥沃、灌溉便利，又有較好的耕作措施和機械化條件，可發展雙季水稻連作的三熟制。太湖平原防洪排澇是農業上的一大問題，目前各級政府已在致力於解決這一問題。

水系

江蘇省河湖眾多，水網密布。全省河流和人工河道有2900多條，長江三角洲河網密度為每平方公里河流長度為6.4～7.2公里，居全國之冠。河流分屬長江、淮河、沂沭河三水系。京杭運河、串場河、蘇北灌溉總渠、通揚運河等人工河道將各水系聯結成完整的河道系統。江蘇省境內不但有稠密的河道，而且湖泊眾多，省內有湖泊近300個，太湖、洪澤湖、高郵湖等具有調節河流水量的作用；此外，還有人工水庫和塘壩1100多個。水面積比重居全國各省區之首。

太湖

太湖是中國五大淡水湖之一，古名震澤，又名笠澤，在江蘇省南部，長江三角洲南緣，介於江蘇省蘇州市、無錫市、常州市和浙江省湖州市之間。太湖的湖平面形態略呈半圓形，西南部湖岸平滑呈弧形；東北部湖岸曲折，多湖灣與岬角。太湖主要水源有來自江蘇省南部宜溧山地北麓和茅山山地東南麓的荊溪水系，來自浙江省西北部天目山北麓的苕溪水系。湖水由東北岸排出，分別經由望虞河、婁江、吳淞

煙雨朦朧的太湖。

江和太浦河泄入長江。京杭江南運河穿行於湖區東側，與上列入江河道及太湖下游諸湖群息息相通。太湖流域是江蘇省主要內河航道之一，沿湖各市、縣均有航道與之相通。湖中共有魚類上百種。太湖流域是中國經濟發達地區，農產品豐富，素稱「魚米之鄉」。

高郵湖

　　高郵湖是橫跨皖蘇兩省內陸的淡水湖，位於江蘇揚州高郵市、金湖縣和安徽滁州天長市之間，面積648平方公里，由淮河水匯聚而成，是江蘇第三大湖。高郵地區在古代是湖區，明代時期，由於入海的河道常年淤塞，大量泥沙淤積，形成了高郵湖。高郵湖是一個富饒的湖，盛產平原區的各種魚類，有鯿、白鯽、鰻等20多種魚，還有螃蟹、大蝦、甲魚等，其中銀魚、河鰻、螃蟹更是著名。湖邊上還盛產蘆葦。高郵麻鴨更是名聞天下。

Travel Smart

連陰雨

連陰雨是江蘇省常見的災害性天氣之一，對農業、工業、交通運輸、倉儲等有很大影響。全省一年四季都可能出現連陰雨，但春、秋連陰雨對農作物生長發育最為不利。春季連陰雨可使水稻爛種、爛身、傷禾，三麥赤黴病流行等。春季各月出現連陰雨的次數以4月最多。秋季連陰雨有時伴有暴雨，有些連陰雨由颱風影響造成，並伴有大風，常使棉花幼鈴脫落、大鈴黴爛、棉花嚴重減產；水稻倒伏、漂穗導致收穫減產；三麥爛根爛種，影響下年度夏糧基礎。秋季連陰雨以9月出現的幾率最多，11月最少。

太湖是江蘇主要的內河航運航道之一，沿湖各市均有航道相通。在夕陽下，太湖波光粼粼，漁舟輕輕蕩漾。

氣候

江蘇省地處暖溫帶季風氣候和亞熱帶季風氣候的過渡地帶，年平均氣溫13℃～16℃，由北而南遞增。作為暖溫帶和亞熱帶分界線的0℃等溫線大致沿淮河、蘇北灌溉總渠一線通過；7月均溫在26℃以上，由東北沿海的26.5℃遞增到西南內陸的29.1℃；無霜期210～240天，年降水量800～1200公釐。淮河、蘇北灌溉總渠一線以北，雨季較短，年降水量在1000公釐以下；以南深受梅雨和颱風影響，雨季較長，降水較多，4月～10月降水量占全年降水量的70%以上，徐淮一帶在85%以上。

自然資源

特殊的地質成礦條件使江蘇省部分礦產資源貯量豐富，品質較高，在全國具有一定的地位，如金屬礦產中的鍶、鍺、鉛、鋅；非金屬礦產中的藍晶石、高嶺土、陶土等；但是重要的能源礦產和鐵礦均較貧乏，銅礦和鋁土礦也很缺少。江蘇的水資源豐富、土壤類型多樣、土地品質高，氣候條件也很適宜。江蘇的生物資源很豐富，種類繁多，這裡還生存著許多世界著名的珍稀瀕危動植物，如麋鹿、丹頂鶴、秤錘樹等。

白穗花花株。

秤錘樹

秤錘樹是安息香科植物，因其果實形狀似秤錘而得名，為落葉小喬木或灌木，高3～7公尺，胸徑達10公分。花、果均下垂，花白色；果卵圓形或卵圓狀長圓形，頂端呈喙狀。秤錘樹多分布於南京及其附近地區，生長於海拔300～800公尺處的林緣、疏林中或丘陵山地。秤錘樹目前已瀕於滅絕。

白穗花

白穗花是百合科的多年生草本植物。根狀莖圓柱形。葉有4～8片，倒披針形。花葶高13～20公分，花白色。漿果近圓形，直徑約5公釐。白穗花為中國特有單種屬植物，僅分布於江蘇、浙江、安徽、江西、四川等地。

獨蘭花

獨蘭花是蘭科植物，屬於陸生蘭，是國家二級保護稀有種。假鱗莖淡黃白色，頂端生一葉。葉闊卵形或闊橢圓形，下面帶紫紅色。花葶生於頂端葉腋，花較大，淡紫色或淺粉紅色，單朵頂生，唇瓣三裂。分布於江蘇、浙江、安徽、江西、湖南、湖北、陝西、四川，生

於海拔400～1500公尺處的陰坡常綠闊葉林和常綠、落葉闊葉混交林下潮濕的溝邊和山谷岩壁下。

寶華玉蘭

寶華玉蘭是木蘭科植物，落葉小喬木，高7～11公尺，胸徑30公分。花芳香，花被片上部白色，下部紫紅色。寶華玉蘭對於生長環境要求較高，現僅於江蘇寶華山殘留18株，散生於海拔220公尺處的低山稀疏闊葉林中，為國家三級保護瀕危物種。

白腹海鵰

白腹海鵰屬於大型鳥類，在中國數量已相當稀少，中國現已將白腹海鵰列為國家二級保護動物。白腹海鵰體長71～76公分，頭、頸和下體純白色，上體灰色，尾黑色呈楔形，尾羽外緣1/3為白色。牠棲息在海岸邊，常單獨活動，主要以海魚為食。這種鳥分布於江蘇、廣東、海南、福建等地。

麋鹿

麋鹿俗稱「四不像」，是一種非常特殊的大型鹿類。牠體長約2公尺，肩高可達1.3公尺。雄鹿體型較大，雌鹿較小。雌鹿無角，雄鹿有角，角枝形態十分特殊，沒有眉叉，主幹離頭部一段距離後，分前後兩枝，前枝再分兩叉。一般隨年齡的增長，角枝次級的分叉更趨為複雜。麋鹿的尾巴是鹿科動物中最長的，末端生有叢毛。麋鹿曾有一段時間瀕臨滅絕，但經過保護和精心管理後，現在麋鹿數量已經增多。中國已在江蘇建立了大豐麋鹿保護區。

溫順的麋鹿喜歡幾頭在一塊群體活動，這樣可以集體抵抗外來襲擊。

水路運輸是江蘇交通運輸的一大支柱。

🏭 經濟

江蘇省自然環境條件優越，而且交通運輸發達，農業、工業持續不斷發展。目前江蘇已成為全國工業最發達的省區之一，機械、電子、紡織、石油化工等為門類齊全的支柱產業。鄉鎮企業產值居全國各省前列。江蘇還是中國重要的農業區和糧、油、棉、薄荷生產基地。江蘇境內的長江水道和京杭運河河段構成全省內河航線的主幹線；南京、徐州還是全國重要的鐵路樞紐。

農業

江蘇省平原面積，包括水面面積在內，約占全省總面積的85%左右，加上良好的氣候條件，十分有利於農業的發展。江蘇土壤的墾殖指數高，種植業發達，是全國農業最發達的省區之一，也是中國重要的糧油產區。隨著農業技術的發展，在全省範圍內廣泛開展農田基本建設，大力發展機電排灌和農業機械化，全省農業基本實現了耕作、植保、脫粒和糧食、油料、飼料、棉花等加工的機械化和半機械化。江蘇省在化肥生產和農村用電方面也進行了大量投資，因地制宜地規劃各地農業生產。

工業

江蘇的工業發達，以機械、電子、石油化工、紡織等為本省的支柱產業，還形成了門類齊全，技術含量高的工業體系，鄉鎮工業異軍突起，產值居全國首位。省內現有大中型企業2000多家，各類企業集團也有數千家，此外還有很多外商在江蘇創辦外資企業，為江蘇的工業和經濟發展，增加了不少動力和資金。江蘇手工業很發達，以蘇州的刺繡、無錫泥塑、宜興陶器、南京雲錦、揚州玉雕和漆器等最為著名。

交通

江蘇交通運輸種類齊全，水運更是發達。內河航運里程占全國各省區的第一

位；全省已形成以長江、京杭運河為主航道，江河湖海相連，四通八達的水路運輸網，95%以上的縣市可通機動船。南京、鎮江、張家港、南通等是長江重要港口。全省公路152247公里，其中高級路面占66%；鐵路也達3000多公里，鐵路有隴海線、京滬線、新長線和寧銅線。高鐵有京滬、滬寧、寧杭、寧安等幹線經過。南京、徐州是兩大陸路交通樞紐。南京、常州、無錫、徐州、連雲港設有飛機場，其中南京有定期航班通往北京、上海、廣州、深圳、香港、澳門等地。

✈ 旅遊地理

江蘇省是山水園林、名勝古蹟和旅遊城市高度集中的地區，旅遊資源極為豐富。有「虎踞龍盤」的南京，有「天堂」之稱的蘇州，有「淮左名都」之稱的揚州及鎮江、淮安、徐州、常熟等歷史名城。南京的「石頭城」、明孝陵、中山陵，徐州的劉邦「大風歌碑」，常州的「東南第一叢林」天寧禪寺，蘇州的虎丘塔、寒山寺等堪稱代表。江蘇素稱「水鄉澤國」，多有名山秀水，如鍾山、雲台山、惠山、金山、太湖、玄武湖等，這裡名園薈萃，形成諸多風景園林名城。

周莊

江南水鄉古鎮周莊，位於崑山市西南，原名貞豐里，始建於北宋時期。北宋元元年（1086）周迪功郎在此設莊，始稱周莊。周莊地居蘇州的吳江市、崑山市與上海市青浦區交界處，北臨急水港、南濱南湖、西鄰蜆湖、東鄰「淀山湖」，為一「四面環水、港汊分歧，咫尺往來，皆需舟楫」的水鄉古鎮，與吳中區的直鎮和吳江市的同里鎮同為著名的江南水鄉古鎮。周莊面積36平方公里，鎮區內保持著完好的宋代「水陸平行，河街相鄰」和「小橋流水人家」的風貌。小鎮內河汊縱橫，四條水道將古鎮分割成井字形，形成八條長街。滿街房屋粉牆花窗，傍水而築，素有「水中桃源」之稱。如今，50%以上的周莊民居仍保存著明清和民國時期的建築。全鎮有近百座古宅大院，以江南民居之最的「七進五門樓」的沈廳和「轎從前門進，船從家中過」的張廳最為著名。水巷兩岸，富有水鄉特色的建築過街騎樓、臨河水閣、穿竹石欄比比皆是，河道上橫跨著保存完好的元、明、清歷代石橋14座，其中最有名的要數雙橋。

盤門

盤門是蘇州最古老的城門，位於蘇州市古城南隅，為古蘇州西城的水陸門，是保存得較完好又有江南特色的古城遺址，也是中國僅有的水陸並存的城門。盤門始建於春秋吳國建都時期，古名蟠門，上刻有蟠龍，後因水陸縈迴曲折，改稱今名。當時有八個門，每個門都有水陸門。現存盤門是元至正十一年（1351）重建，經明、清續修。盤門以古運河為護城河，水陸兩門比肩而立。內城河水經門洞流出城外，過水關橋注入運河，水門設水閘與柵門兩道閘，均以青石為拱券。水門可調

周莊有「九百歲的水鄉」之稱。全鎮以河成街，橋街相連，依河建屋，重
脊高簷，河埠廊坊，過街騎樓。著名畫家吳冠中撰文曰：「黃山集中國山
川之美，周莊集中國水鄉之美。」

節水位，還是重要的防禦工事，雉堞、女牆、絞關石一應俱全；陸門位於水門北側也有內外兩重，兩門之間構成甕城。登城可眺望城內外水道系統，外有吳門橋，內有端光塔。

滄浪亭

滄浪亭位於蘇州市南人民路三元坊，原是五代吳越國廣陵王錢元的花園。不同於一般公園的圍牆高築，滄浪亭疏朗開放，與周圍景致連為一體。整個園子以假山為中心，重巖複嶺、翠竹叢生，巧妙地將園內、園外的遠山近水融為一體。水繞園而過，山山可以隔河相望；滄浪亭翼然山頂，掩映於古林怪石間。蘇舜欽有感於《楚辭·漁父》〈滄浪之水〉歌和孟子「滄浪之水清兮，可以濯吾纓」，為其所築亭題名為「滄浪亭」。南宋時，滄浪亭為抗金名將韓世忠所得，改名韓園。後幾易其主，元朝時荒廢，改作佛庵。清康熙年間，巡撫宋犖重建滄浪亭，並將文徵明隸書「滄浪亭」三字作為匾額。滄浪亭山下有聞妙香室、瑤華境界等建築，還有鑲嵌著594幅與蘇州有關的歷史名人石刻像的五百名賢祠。

虎丘

虎丘位於蘇州閶門外西北郊，舊名海湧山，山高僅30多公尺，面積約0.2平方公里，但氣勢不凡，讓人有絕岩縱壑之感。相傳春秋時吳王曾在此建行宮，後來，吳王夫差葬其父闔閭於此。虎丘山上建有虎丘塔，虎丘塔又稱雲岩寺塔，始建於隋文帝時。塔身為平面八角形，共有七層。1955年重修塔頂時，在第三層夾層內發現有石函、經箱、銅佛、銅鏡等珍貴文物。由於地基原因，虎丘塔自明代起就向西北傾斜，被稱之為「東方比薩斜塔」。虎丘古木蔭翳，名勝遍布，更兼得歷代名人雅士品題詩詠，加之神話傳說的渲染，以致也有「吳中第一名勝」之譽。

盤門有水陸兩門，其設計的精巧實屬少見。

滄浪亭。

寒山寺

寒山寺位於蘇州市閶門外楓橋鎮，始建於南朝梁天監年間，原名妙利普明塔院。唐貞觀年間，高僧寒山、拾得由天台山來此住持，故稱寒山寺。唐代張繼在天寶年間赴京趕考落第，路經寒山寺作〈楓橋夜泊〉詩，以排遣愁懷。次年再考，他一舉成名，便專程來寒山寺燒香還願。於是，寒山寺便成為後人消災、祈福之地。而當年寒山寺鐘卻因張繼詩而招來「災禍」，據說已流入日本。清光緒三十一年（1905），日本人仿鑄唐鐘一對，一口留日本寒山寺，一口送中國寒山寺。寒山寺重建時，按原樣式鑄了一口大鐘，置於寺內供遊人觀賞。寒山寺的夜半鐘聲聞名於世，名剎聽鐘為其一大特色。不少人慕名專程前來聆聽寒山寺的夜半鐘聲。每逢新年來臨時，來聽鐘聲的人更是不計其數。

寶帶橋

京杭大運河上有數不盡的橋，其中最長的一座古石橋為形如寶帶的蘇州寶帶橋。寶帶橋長317公尺，53孔。

蘇州楓橋古鎮創建於梁代天監年間。唐天寶年間詩人張繼舉棹歸里，夜泊楓橋，寒山寺鐘聲激發了詩人的詩情，其膾炙人口的〈楓橋夜泊〉流傳至今。

隋煬帝大業六年（610），開鑿了鎮江至杭州的江南運河後，改善了南北交通。但太湖水向東注入大海時，在蘇州運河段上沖開一個寬300~400公尺的大河口，河口水流湍急，使過往航船無法挽縴。為保證航運暢達安全，唐蘇州刺史王仲舒決意修一長橋，確保太湖水東泄暢通。為彌補建橋經費的不足，王仲舒捐獻出自己所束的寶帶。為紀念、表彰此舉，大橋建成後便命名「寶帶橋」，而橋體本身也確實像條平攤的寶帶。

天下第二泉

天下第二泉在無錫市惠山山麓，又稱惠山泉、陸子泉，相傳因唐代陸羽品評而得名。陸羽（733～804），字鴻漸，嗜飲茶，著《茶經》三篇，對茶之源流、飲法以及茶具論述詳盡，並定天下水品二十等，有「茶聖」之稱。此泉鑿於唐大歷年間（766～779），泉水甜美，宋徽宗列其水為貢品。池壁上有明弘治十四年（1501）楊理雕刻的螭首，形式、構造蒼勁古樸，泉水由螭口流入池中，叮咚有聲，池北牆上有清王澍所書「天下第二泉」，字體蒼勁有力。中國民間藝人瞎子阿炳（華彥鈞）二胡獨奏曲〈二泉映月〉，描繪的即是此處景色。

黿頭渚公園

黿頭渚位於無錫市太湖之濱、充山西端，三面環水，形如突入湖中黿頭，故名。1918年開始建園，先後闢有橫雲小築、鄭園、退廬等。全園依山臨水，四季景色迥異，陰晴雨雪意境各別，是觀賞太湖的最佳之地。全園可分為四大區：從大門至「太湖佳絕處」牌坊的新建區；長春橋經湖山深處到萬浪橋的遊覽區；從飛雲閣至勁松樓的眺望區以及後山區。

中山陵

中山陵位於南京市鍾山，係孫中山的陵墓。1926年1月興建，1929年春落成，同年6月1日孫中山遺體由北京香山碧雲寺停厝地移此安葬。中山陵吸取了中國古代陵墓建築的布局特點，結合山巒地勢，突出天然屏障。整個建築群以大片綠地為

瘦西湖自六朝以來，即為風景勝地。其美主要在於蜿蜒曲折，古樸多姿。

中山陵景區內，從牌坊上行到祭堂，共有用蘇州花崗岩砌成的392級石階，8個平台。祭堂為仿宮殿式建築，門楣上刻有孫中山先生手書的「天地正氣」四字。

主，鋪滿大塊條石的道路，把孤立的個體建築連成大尺度整體，顯得莊嚴肅穆，巍峨雄偉。陵墓呈木鐸式，傍山而築，由南往北漸次升高，依次為牌坊、墓道、陵門、碑亭、平台、祭堂和墓室等建築。墓道入口至墓室的距離達700餘公尺，共有花崗石台階392級。祭堂中為孫中山石雕全身坐像，四周浮雕描述的是孫中山革命事蹟。祭堂後面是穹隆狀墓室，正中為大理石、中間

是長方形墓穴，棺上鐫有孫中山臥像。附近有音樂台、光華亭、流徽榭、孫中山銅像、藏經樓等輔助建築。

瘦西湖

瘦西湖位於揚州新北門外，原名保障河，又名炮山河，也叫長春湖，是揚州著名的風景區。與杭州西湖相比，瘦西湖湖身狹長曲折，自有一番清瘦秀麗的天韻，故名瘦西湖。隋唐時，這裡

是古代城壕通往古運河的水道；明清時，巧妙運用園林藝術，沿湖造園、固水成景，成為精美的古典園林，在清乾隆時期已盛極一時。千百年來，人們在湖畔依山臨水、面湖而築，相繼建造了小金山、白塔、五亭橋、月觀、釣魚台等建築，組成若干小園。園中有園，景中有景，形成了山環水繞、樓閣掩映、遊程曲折，具有「南方之秀、北方之雄」的獨特園林風格。

蘇州園林

　　蘇州素以園林美景享有盛名。蘇州地處長江三角洲，氣候宜人，交通便利，舊時官宦名紳退休後多到蘇州擇地造園、頤養天年。明清時期，蘇州封建經濟文化發展達到鼎盛階段，造園藝術也趨於成熟，出現了一批園林藝術家，使造園活動達到高潮。最盛時期，蘇州的私家園林和庭院達到280餘處。這些園林可分為宅地園林、市郊園林和寺廟園林三大類，反映出歷代園林的不同風格。蘇州園林造園藝術極為講究，在布局結構上更是變化萬千，形成了在人工環境中體現自然的技巧。古代的造園者在造園時多以畫為本，以詩為題，通過鑿池堆山、栽花種樹，創造出具有詩情畫意的景觀，被稱為是「無聲的詩，立體的畫」。蘇州園林是建築、山水、花木、雕刻、書畫的綜合藝術品，集自然美和藝術美於一體，構成了曲折迂迴、步移景換的畫面。其中拙政園、留園、網師園、環秀山莊藝圃、耦園、遠思園一起被聯合國教科文組織列入《世界遺產名錄》。

留園

　　留園位於閶門外，始建於明嘉靖年間，清嘉慶時歸劉蓉峰所有，改名「寒碧山莊」，也稱「劉園」。光緒初官僚、豪富盛康修繕擴建「遂諧劉園之音，仍其音而易其義」，改名留園。園中分四個景區：中部以山池為中心，風景明淨清幽；東部則廳堂宏麗軒敞，重樓疊閣；西部是土山楓林，景色天然清秀；北部是田園風采。全園建築布局結構嚴謹，尤以建築空間處理得當而居蘇州園林之冠。

退思園

留園

獅子林

　　獅子林與滄浪亭、拙政園、留園並列為蘇州四大名園，獅子林至今已有600多年的歷史。元代至 正二年（1342），名僧天如禪師維則的弟子「相率出資，買地結屋，以居其師」。因園內「林有竹萬固，竹下多怪石，狀如狻猊（獅子）者」；又因天如禪師維則得法於浙江天目山獅子岩，為紀念佛徒衣缽、師承關係，取佛經中獅子座之意，故名「師子林」、「獅子林」。 獅子林既有蘇州古典園林亭、台、樓、閣、廳、堂、軒、廊之人文景觀，更以湖山奇石、洞壑深邃而盛名於世，素有「假山王國」之美譽。

拙政園

　　拙政園是蘇州最大的園林，與北京頤和園、承德避暑山莊、蘇州留園並稱為中國四大園林，主要代表明代園林風格。拙政園，全園分中、東、西三大部分。從東門入園，新疊石分列三面，傍石植樹，點綴清秀，富有詩情畫意。再往裡進，即見一片草坪上奇峰起伏，好像大的盆景一座。這裡土山遍布蒼松，建有蘭雪堂、芙蓉榭、天泉亭、秫香館、放眼亭等建築。

留園冠雲峰

滄浪亭花窗

華東 浙江

🌏 行政區劃

　　浙江省簡稱浙，因其境內河流錢塘江舊稱浙江而得名。位於中國東南沿海，東瀕東海，周邊與福建、江西、安徽、上海、江蘇等省、市接壤。介於東經118°～123°和北緯27°12'～31°13'之間。全省陸域面積10.18萬平方公里，約為全國面積的1.06%，是中國面積較小的省分。浙江全省大陸海岸線長約2200多公里，沿海有大小島嶼2161座，其中舟山島面積472平方公里，是中國的第四大島。全省轄11個地級市、37個區、19個縣級市。省會杭州。

杭州市

　　杭州市是浙江省轄市，浙江省省會，國家著名歷史文化名城和旅遊城市，位於浙江省北部。面積16596平方公里，轄10區2縣代管1市，全市總人口918.8萬人（2016年）。杭州古屬吳、越、楚，陳後主禎明元年（587）置錢唐郡；隋開皇九年（589）廢錢唐郡，置杭州；南宋時一度改稱臨安，元、明、清復改杭州路、杭州府。1927年正式設杭州市。杭州市地處錢塘江下游北岸，京杭大運河南端，水系分屬錢塘江流域和太湖流域。地勢由西南向東北緩緩傾斜，境東北為長江三角洲杭嘉湖平原南端，海拔2～10公尺，平川沃野、河港縱橫，氣候溫和濕潤，是江南魚米之鄉。杭州的絲綢業發達，素稱「絲綢之府」，現已形成以加工工業為主，輕重工業相結合的工業結構。農業是以種植業、養殖業與加工副業並舉的城郊型農業，其中西湖龍井茶葉是杭州的特產。杭州是國內外著名的風景旅遊城市和歷史文化名城。

寧波市

寧波市是浙江省轄市，為浙江省第二大城市。位於省境東部，面積9365平方公里，轄6區2縣2縣級市。「寧波」一名取意於「海定則波寧」。地處東海之濱，長江三角洲的東南角。島嶼星羅棋布，沿海南部多灘塗，北部多沙岸，東部為岩岸，中部屬寧紹沖積平原。境內主要河湖有甬江及浙江第一大湖「東錢湖」。寧波是沿海開放城市和國家計畫單列市，工業門類齊全，有石化、機械、絲綢、塑膠、玻璃製品、食品加工等工業部門。傳統手工藝品有寧波草席、金絲草帽、骨木鑲嵌等，產品還遠銷歐、美、東南亞。農業多種經營，以產糧棉為主，糧食作物有稻穀等。寧波最大的優勢是港口眾多，是全國南北海運的中轉樞紐，擁有深水良港北侖港和甬江入海的鎮海港，名勝古蹟有河姆渡文化遺址等。

溫州市

溫州市是浙江省轄市，位於省境東南部。面積11784平方公里，轄4區6縣，代管2個縣級市。全市居民以漢族為多，還有畬、回、白等39個少數民族。1949年設溫州專署和省轄市溫州市，1981年地、市合併為

寧波市貌。

溫州經濟繁榮，無孔不入的小商品經濟讓溫州商人「揚名國內外」。

溫州市。地勢自西北向東南傾斜，以平原為主，河網密布，間有丘陵。中部、東部有自西向東入海的甌江、飛雲江、鼇江等。市境內主要礦藏有銀、黃鐵、銅、錳、鉛、鋅和明礬石等，其中蒼南縣礬山擁有明礬石礦，號稱「世界礬都」，泰順縣龜湖的葉蠟石礦全國聞名。工業主要有電力、造船、機械等。農業以種植業為主，農產品主要有稻穀、甘薯、油菜籽、茶葉，還盛產柑橘。漁業以海洋捕撈為主，兼海塗與淡水養殖。溫州龍灣國際機場可通航國內外100多個城市。市境內有雁蕩山、楠溪江兩處國家級風景名勝區和瑤溪、澤雅、仙岩等七處省級風景名勝區。

紹興市

紹興市是中國歷史文化名城，位於浙江省中部偏北，杭州灣南岸，是寧紹平原西部經濟重鎮。全市面積8256平方公里，轄3區1縣，代管2個縣級市。全市人口498萬，以漢族為多，還有回、滿、蒙古等35個少數民族。紹興歷史悠久，相傳4000多年前，「禹會諸侯於江南，計功而崩，固葬焉，命曰會稽。」會稽之稱始於此。春秋時為越國，幾經變更後，於南宋置紹興府。1982年設紹興市。全市地勢南高北低，南部多山地，北部多平川，是典型的「江南水鄉」。紹興的工業主要有冶煉、紡織、機械、釀酒、化纖等

在紹興三味書屋內，中間擺放著老師的八仙桌和木椅，學生當年都坐在窗前壁下，東北角一張有兩個抽屜的書桌即為魯迅的課桌。

業。農產品以稻穀、大麥、油菜籽、茶葉為主。市境內交通較發達，有多條鐵路和公路過境，而且浙東運河貫穿北部。

位於紹興柯岩景區內的柯岩石，高30餘公尺，上寬下窄，猶如一座倒立的寶塔。

👤 人口、民族

　　浙江省的人口密度較大，全省有人口5590萬（2016年），人口平均密度為每平方公里536人，是中國人口密度最高的省分之一，而且全省人口分布不平衡。北部和東部沿海地區的人口占全省的多數，平均每平方公里都在500人以上；其次為低丘盆地，而山區的人口很少，平均每平方公里的人口在百人以下。浙江全省的居民以漢族居多，少數民族人口占總人口數的比例不到1％，而少數民族人口以畬族為多，有近20萬人，多分布在溫州和麗水地區。其他千人以上的少數民族有回、壯、苗、滿、土家、布依等族，他們多與漢族雜居，生活、生產習俗基本上都已經漢化。

良渚文化山形玉飾。

🏛 歷史文化

　　輝煌的河姆渡文化和良渚文化為浙江成為「魚米之鄉」、「絲綢之府」奠定了悠久的歷史基礎。周朝時吳、越兩國的爭霸成為吳越文化的正式起點。後世的思想家王充、王陽明、黃宗羲、龔自珍；詩人賀知章、駱賓王、孟郊、陸游；科學家沈括；戲劇家李漁、洪昇等人便是在這種文化氛圍之中孕育成長的。明清時期，浙江的繁榮富庶又促成了「義利並重」、「工商皆本」的文化傳統，並承傳至今。

良渚文化獸面紋玉環。

河姆渡文化

　　河姆渡文化是中國長江下游地區古老而燦爛的新石器文化，因首先發現於浙江餘姚河姆渡而命名，主要分布在杭州灣南岸的寧紹平原及舟山群島，放射性碳同位

這個橢圓形的河姆渡文化漆木碗高5.7公分，表面塗有一層紅漆，是中國目前發現的年代最早的漆器之一。

素斷代測定其年代為西元前5000年至西元前3300年。河姆渡文化的骨器製作比較發達，有耜、鏃、魚鏢、哨、錐、匕、鋸形器等器物，磨製精細，一些有柄骨匕、骨笄上雕刻圖案花紋或雙頭連體鳥紋，堪稱精美絕倫的實用工藝品。河姆渡文化的農業以種植水稻為主，這是迄今中國最早的稻穀實物，也是目前所知世界上最古老的人工栽培水稻。河姆渡文化的農具除石斧等石質工具外，最有特色的是大量使用骨耜。河姆渡文化的主要建築形式是栽樁架板高於地面的干欄式建築。

良渚文化

　　良渚文化的年代約為西元前3300年至西元前2200年，因1936年發現於浙江餘杭良渚鎮而得名，是中國長江下游地區的新石器時代文化。良渚文化在農業、紡織、製玉和製陶等方面都很有成就，是史前時期中國南方文化的主流。這一時期的石器農具磨製已非常精細，農作物品種很多。在紡織方面，良渚文化開闢了家蠶飼養和絲織品生產的新領域，養蠶和織絲開始成為人們的主要經濟活動。良渚文化的陶器有泥質灰胎磨光黑皮陶、黑陶和夾砂灰陶等，普遍採用輪製，造型規整。一般器壁較薄，器表以素面磨光的為

越王勾踐劍。

多，少數有精細的刻畫花紋和鏤孔。圈足器和三足器較為盛行。玉器也很有特色，數量之多，工藝之精，為中國新石器時代其他文化所罕見。

勾踐臥薪嚐膽

春秋中期越國與楚會盟，吳楚交兵。周敬王二十四年（前496），吳王闔閭伐越，戰於李（今浙江嘉興南），吳軍大敗，吳王受傷致死，其子夫差繼位後立志報仇。周敬王二十六年（前494）春，吳王夫差率軍攻越，在夫椒（今浙江紹興北）打敗越軍。越王勾踐退保會稽山（今浙江紹興

東南），卑詞厚禮，忍辱乞降。勾踐與范蠡作為人質留在吳國，卑事夫差，而把治理國政之事交給文種。勾踐在吳三年，周敬王二十九年（前491），吳王夫差赦勾踐歸國。勾踐立志報仇雪恨，為了磨礪志氣，不忘屈辱，他把苦膽掛在室內，吃飯之時先嘗苦膽，睡覺時候身下墊著柴草，以使自己警惕，不得居安忘危，喪失報仇雪恨的決心。他不但臥薪嘗膽，而且全面改革內政，休養生息，恢復實力，並親自與百姓一起共同耕作，讓夫人織布裁衣，「食不加肉，衣不飾彩，與民同甘共苦」。經過艱苦奮鬥，「十年生聚，十年教訓」，越國

終於重新崛起。周敬王三十八年（前482）夏，越王勾踐乘夫差遠出，以大軍攻吳，大敗吳師，破吳都。夫差只得言和。周元王三年（前473），勾踐再次大舉攻吳，擊敗吳軍，夫差自殺，吳國被越國吞併。此後，周元王封勾踐為伯，即為諸侯之長，勾踐遂稱霸於諸侯。

王羲之

王羲之（303～361），字逸少，晉代會稽（今浙江紹興）人。曾任右軍將軍、會稽內史，故後人稱他為「王右軍」。王羲之一生喜好遊歷名山大川、結交朋友。相傳王羲之7歲學書，12歲

東晉王羲之《蘭亭序》（局部）。

開始研讀前人的《筆論》。他的主要貢獻集中表現在書法的成就上，與其子王獻之並稱「二王」。他先拜衛夫人為師學習書法，後博採眾長，書精諸體，尤其擅長楷書和行草，風格妍美流暢，一改漢魏以來質樸書風，把書法推向全新的境界，被譽為「書聖」。他的傳世代表作有〈蘭亭序〉對後世的影響最大，被稱為「天下第一行書」。

開鑿大運河

大業元年（605），隋煬帝徵發江南、淮北100多萬民工，在北方修通濟渠，從洛陽西苑通到淮河邊的山陽（今江蘇淮安）。同年，又徵發淮南十幾萬勞動力，把山陽邗溝加以疏通擴大。大業四年（608），徵發河北民工100多萬人開永濟渠。這條河主要利用沁水的河道，南接黃河，北通涿郡。大業六年（610），在長江以南開了一條江南河，從京口（今江蘇鎮江）引江水穿過太湖流域，直達錢塘江邊的餘杭（今浙江杭州）。前後用了不到六年的時間，大運河的全線工程告成。隋朝大運河溝通了海河、黃河、淮河、長江、錢塘江五大河流。

魯迅像。

魯迅

魯迅（1881～1936），現代文學家、思想家，原名周樹人，出生於浙江紹興一個沒落的封建家庭。1904年，他赴日學醫，後棄醫從文。1918年5月，魯迅發表第一篇白話小說《狂人日記》。主要作品有短篇小說集《吶喊》、《彷徨》、《故事新編》；散文集《朝花夕拾》；散文詩集《野草》；雜文集《墳》、《華蓋集》、《且介亭雜文》等。魯迅不但是中國現代雜文的開拓者，還研究整理了大量古典文籍，編著《中國小說史略》、《漢文學史綱要》等，對中國的文化事業做出巨大貢獻。

蘭亭中右軍祠的景物無不與翰墨有關。祠內有一泓池水，名為「墨池」，池中的四角方亭就是墨華亭。

🏔 地貌

浙江省地勢自西南向東北傾斜，丘陵山地廣布，有「七山一水二分田」之說。主要山脈呈北東—南西走向，與海岸斜交，分南、中、北三支。南支為括蒼山脈；中支的仙霞嶺山脈，是錢塘江和甌江上游的分水嶺，向東北伸展為天台山脈、會稽山脈、四明山脈，繼而入海下陷成舟山群島；北支為天目山脈，向東北伸展為莫干山。天目山脈是長江水系和錢塘江水系的分水嶺。浙江海岸線曲折，沿海島嶼星羅棋布，其中舟山群島最大。平原主要分布在北部沿海，以杭嘉湖平原、寧紹平原最為主要。

杭嘉湖平原

杭嘉湖平原是以杭州、嘉興、湖州為中心的水網平原，屬長江三角洲的一部分，位於省境北部，介於杭州灣和太湖之間。平原東西長、南北狹，面積6400多平方公里，由長江、錢塘江泥沙和湖積而成。整個平原地勢低平，湖泊眾多，河流縱橫。這裡土地肥沃，淡水資源豐富，光照充足，氣候濕潤，光溫水配合良好，是浙江省多種農副產品、蠶繭、淡水魚的重要生產基地，素有「魚米之鄉」、「絲綢之府」之稱。平原水運航程總長3000餘公里，可溝通平原500餘集鎮。

舟山島

舟山島位於浙江省東北部海域，是舟山群島的主島，浙江省第一大島，中國第三大島。舟山島呈東南—西北走向，面積約472平方公里。除四周局部狹窄的沖積平原外，主要地貌為山地丘陵，高度一般為海拔100～400公尺。最高點黃楊尖，海拔503.6公尺，山上有黃楊樹、野山茶枝等，還出產黃楊尖芽茶。舟山島有10公尺以上深水岸線約20公里，已建有泊位近百個。主要港口分布於老塘山、定海和沈家門港區。島上漁業主要從事海洋捕撈兼張網作業。

寧紹平原

寧紹平原位於浙江東北，西起錢塘江，東面瀕海，南接四明、會稽山脈，呈駝峰狀向北突出於杭州灣，面積約有4824平方公里。因平原東西有寧波、紹興兩城而得名。北部濱海沙堤區，是由潮流裹挾的泥沙堆積而成。西段南沙平原晚至18世紀才逐漸穩定；東段三北平原稍早，今臨山、泗門、周巷、滸山、鳴鶴場一線，是北宋慶曆年間所建的大古塘舊址。寧紹平原是浙江省重要糧、棉、麻和淡水魚產區之一。

杭州灣

杭州灣是位於中國浙江省東北部典型的喇叭形海灣。

杭嘉湖平原。

西起澉浦—西三閘斷面，東至揚子角—鎮海角連線。杭州灣的泥沙以海域來沙為主，其中長江來沙對杭州灣的形成起著重要作用。灣底的地貌形態和海灣的喇叭形特徵，使這裡經常出現湧潮或暴漲潮。杭州灣的海寧潮（錢塘潮）是中國著名的海潮，杭州灣是中國沿海潮差最大的海灣，灣域潮汐能源甚豐。杭州灣畔海鹽縣建有中國第一座自行設計和建造的秦山核電站。

寧紹平原。

🌀 水系

浙江省境內山地、丘陵廣布，河網、湖泊密布，錢塘江、甬江、椒江、曹娥江、甌江、飛雲江和鼇江均源出浙江西部山區，獨流入海，僅有東苕溪流入太湖。各河流的上中游多峽谷、急流。各河流出峽谷後，下游屬潮汐感應區，形成河曲發育的平原型河流。此外有人工運河——京杭運河，起自杭州拱宸橋，經桐鄉、湖州等縣市進入江蘇省，在省境長129公里。浙江湖泊主要分布在浙北平原，而最大湖泊——東錢湖則在浙東鄞州，面積22平方公里。

浩浩蕩蕩的錢塘江湧潮。

錢塘江

錢塘江是浙江省最大的河流，古稱浙江、浙水，源出安徽省休寧縣西南，皖、贛兩省交界懷玉山脈中的六股尖東坡，幹流流經皖、浙兩省，最後進入杭州灣。錢塘江全長605公里，流域面積約4.88萬平方公里，全河分上、中、下三段。徑流補給以雨水占絕對優勢，地下水僅占少量。錢塘江徑流總量達431億立方公尺，徑流深880公釐。20世紀50年代以來，這裡興建了新安江、富春江、黃壇口和湖南鎮等水庫和水電站。錢塘江蘭溪以下為主航道，新安江是溝通浙西和皖南的重要航道。目前已將錢塘江與京杭運河重新溝通，實現了京杭運河與

長江、黃河、淮河、海河、錢塘江五大水系的銜接，形成了以杭州為中心的水運網。

富春江

富春江在浙江省中部，是錢塘江自桐廬縣至蕭山區聞家堰的別稱。分水江和壺源江匯入後，水量大增。兩岸山嶺多為古生代沉積岩，富春江沿岸斷裂發育，谷地開闊，江面展寬，河道比降小，水流緩慢，沿江沙洲、邊灘多見。其間有低山、丘陵，山青水秀、蒼翠欲滴，自然景色千變萬化，為國家級風景區。在富春江上建有富春江水電站。

氣候

浙江省屬季風氣候區的亞熱帶濕潤氣候。全省除山區外，各地年均溫在15℃～18℃之間，無霜期長243～276天。海洋島嶼的氣溫極值較大陸延遲1個月。全省年降水量1100～1900公釐，最高可達2200公釐，省境西南部和山區的降水量高於沿海平原區。降水季節變化較大，梅雨和颱風雨是降水的主要形式。

自然資源

在地質成礦時期，浙江省境內構造運動複雜，岩漿活動頻繁，地區差異顯著，故礦產資源在種類、數量的分布上比較零散；同時，成礦條件的差異又使得礦產資源的分布呈現出明顯的區域性。一些優勢礦產資源主要分布在浙東。礦產資源構成的特點是金屬礦產和能源礦產短缺，非金屬礦產比較豐富，其中明礬石、葉蠟石儲量居中國前列。浙江是世界上保存古遺留植物最豐富的地區，有銀杏、百山祖冷杉等活化石樹種。在浙江茂密的山林中，還生活著許多國家一、二級野生保護動物。

明礬石礦

明礬石是浙江的重要礦種之一，儲量在國內亦位居前列。全省有明礬石礦點14處，其中大型礦床兩處。明礬石產地主要在浙江東部沿海一帶，分布在溫州—鎮海大斷裂兩側，另外在麗水—餘姚深斷裂東側與芳村—河上隆褶斷裂的北東端也有零星分布。明礬石礦存於酸性與中性火山岩中，目前已探明的儲量占全國總儲量的60%左右。

銀杏

銀杏又名公孫樹、白果樹，是國家二級保護稀有樹種，銀杏科植物，落葉大喬木，葉扇形，叉狀平行縱脈。雌雄異株。種子核果狀，具長梗。銀杏是中國特有的樹種，著名的「活化石」，也是銀杏科唯一現存的種類。野生狀態的銀杏

千年古樹——銀杏。

黃腹角雉。

僅零星分布於浙江天目山，多生長於海500～1000公尺處。

黑麂

黑麂又叫毛額黃麂、蓬頭麂。這種麂全身棕黑色，眼後的額頂部有簇呈鮮棕、淺褐或淡黃色的長毛，有時能把兩隻短角遮得看不出來。僅雄獸有角，尾長約20公分，尾背黑色，尾下白色。黑麂在麂屬中體形較大，僅產於中國，而且數量稀少，是中國著名的珍稀特產動物，在浙江的桐廬、寧波一帶出現較多。

黃腹角雉

黃腹角雉又叫呆雞、角雞、壽雞等，體形與家雞相似。雄鳥頭上的羽冠前黑後紅，身上羽毛大多為栗紅色，上面點綴著許多黃色鑲黑邊的小卵圓斑。雌鳥頭上黑色較多，上體棕褐色而且帶有黑白色矢狀斑紋。黃腹角雉棲息於海拔700～1600公尺的山地林區，行動笨拙，飛行能力較差。黃腹角雉是中國的特產鳥類，僅分布於中國的浙江、江西、福建等地，被國際自然保護組織列為一級瀕危動物，中國一級保護動物。

黑麂。

163

經濟

浙江省是中國經濟發達的省分，尤其是近年來，經濟發展更加迅速。省內交通發達，而且臨靠海邊，優良海港較多，海上航運較發達，便利的交通給浙江的經濟發展帶來很多機會。浙江農業生產水準較高，多種經營較發達；工業在輕紡、食品、機械、化工等方面占優勢，能源和原料工業較薄弱。

農業

浙江自然條件優越，為農林牧漁的全面發展提供了有利條件。農副產品的種類多、產量高，產品的商品率、集約經營和專業化水準都較高。全省耕地占土地總面積的18%；林業用地占土地總面積58.5%，主要分布在山地丘陵區。灘塗面積廣，是重要的土地後備資源。浙江是中國農業高產地區之一，商品率高。其中有多種產品占全國重要地位，如浙江的西湖龍井茶是全國最優質的茶之一。全省農業總產值居全國前列。

工業

浙江是近代工業發展較早的省分之一，但20世紀50年代以前，工業基礎也很薄弱，技術落後。中華人民共和國成立後，隨著新安江等水電站的建成，原有的輕紡、食品工業迅速發展，並且新建、擴建了許多過去空白和薄弱的工業部門。重工業從無到有，已具一定規模。輕工業特別是絲綢工業、釀酒工業在全國享有盛名，浙江至今仍享有「絲綢之府」的美稱。浙江的手工藝品工業也較發達，著名的有青田石刻、蕭山花邊等。杭州是全省工業中心，寧波、溫州、紹興等是省內重要的工業城市。

交通

浙江省水陸交通方便。內河航道擁有的里程僅次於江蘇、廣東，溝通滬杭、浙贛等省內外的鐵路幹線。公路網遍布全省，已建成通車的高速公路有杭甬線、金溫線等。2013年7月寧杭甬高鐵正式開通，加上建設中的杭長、杭廣、金溫高鐵，浙江高鐵已經從線狀向網狀擴散。杭嘉湖平原和寧紹平原上內河航運十分便利，寧波是全省最大的海港，海上交通運輸和吞吐能力都較大。民航以杭州為中心，輻射向周邊城市，並開闢有多條航線，可以到達國內的許多大城市，而且可以直通香港、澳門等地。

寧波客運碼頭——寧波市境河網密布、航道穩定，交通一向以水運為主，海運有定期客輪通往上海、舟山、溫州等地。

西湖十景之一——雷峰夕照。

✈ 旅遊地理

浙江省豐富多彩的風景名勝資源，大致可分為山嶽、江河、湖泊、濱海島嶼、岩溶洞穴等五大類型。東部的雁蕩山、天目山、普陀山、仙霞山等，無不群山競秀、峰巒疊翠。富春江、甌江、楠溪江等，水隨山轉，嬌美無比。西湖、鑒湖、東錢湖等，構成了詩情畫意般的天成美境。在這片如詩畫般的土地上，還廣布著許多世間罕見的奇觀異景，如雁蕩山龍湫飛瀑、雪竇山的千丈岩等。浙江不僅自然景觀資源豐富，而且歷史悠久、文化燦爛，河姆渡遺址和良渚文化等各種古蹟、文化遺存滲透在自然風景之中，極大地豐富了旅遊的文化內涵。

西湖

西湖是國家重點風景名勝區，位於杭州市區西部，水域面積5.6平方公里。西湖在漢代前只是一個海灣，因潮汐沖刷泥沙淤積而形成潟湖。隋唐之際，潟湖內的水逐漸淡化，又經人工不斷修築，遂成為一個既利於農田灌溉，又可遊賞踏青的著名湖泊。發源於西湖群山的金沙澗、龍潤是西湖水的主要來源，而西湖水的出流一為江南河，一為中東河。西湖三面環武林山，湖位於錢塘

曲院風荷位於西湖蘇堤跨虹橋西北，院中種植荷藕，花開時香飄四處。

縣境內，故也稱錢塘湖。又因湖在杭城之西，所以人們習慣稱之為西湖。按方位並以白堤、蘇堤為界，西湖分為外西湖、北裡湖、岳湖、西裡湖和小南湖。各湖區水體有橋洞溝通。西湖現劃分為六個景區：湖中區、湖濱區、北山區、西山區、南山區和錢江區。主要景點有定名於南宋的西湖十景：斷橋殘雪、平湖秋月、三潭印月、雙峰插雲、曲院風荷、蘇堤春曉、花港觀魚、南屏晚鐘、雷峰夕照、柳浪聞鶯。西湖風景區歷史悠久，人文景觀薈萃，以白居易、蘇東坡為代表的歷代文人墨客，留下了大量吟詠西湖的名篇佳作。濟公、許仙、白娘子、李慧娘等神話傳說，加深了西湖的神奇色彩。清康熙、乾隆二帝曾先後為西湖十景題字立碑。這裡的文物古蹟更是多不勝舉。

烏鎮

烏鎮位於桐鄉市，京杭大運河西側，地處水陸要衝，俗稱兩省（浙江、江蘇）三府（嘉興、湖州、蘇州）、七縣（烏程、歸安、崇德、桐鄉、秀水、吳江、震澤）交界之地。烏鎮是江南著名古鎮之一，南宋嘉定年間（1208～1224）以市河（車溪）為界，分為烏青兩鎮，河西為烏鎮，屬湖州府烏程縣；河東為青鎮，屬嘉興府桐鄉縣。解放後，市河以西的烏鎮劃歸桐鄉縣，才統稱烏鎮。烏鎮街道上清代的民居建築保存完好，梁、柱、門、窗上的木雕和石雕工藝精湛。鎮東的立志書院是茅盾少年時的讀書處，鎮上的西柵老街是旅遊的主要景點。歷史上這個小鎮曾出過64名進士、161名舉人，茅盾、沈澤民、嚴獨鶴等名人的名字更使小鎮熠熠生輝。「家家面水，戶戶枕河」是烏鎮和許多江南水鄉小鎮的相通之處。此地卻有一部分民居用木樁或石柱打入河床中，上架橫梁，擱上木板，由此造成「人在屋中居，屋在水中游」的「水閣」，獨具匠心。屋子靠水

西湖全景——水依山而積、湖隨山轉、山為湖繞、山水交融，三岸線曲折，是西湖景色勝出的一大特色。三面雲山環抱、秀質天成，西湖為山不高，為水不廣，山抱水回，委婉靈逸，西湖十景集中體現了西湖的神韻。

的一邊完全突兀水中，以至
造成三面建窗，從任何一方
憑窗而觀，河水粼粼，舟楫
寥寥，風光無限。在河邊的
建築背後，用舊青磚砌著一
道古色古香、類似城牆的屏
障，在這道牆外就是現代化
的建築街道。烏鎮人民用這
道不經意的故舊之牆，完好
的保留了千年的文化沉澱，
使小鎮益發鍾靈毓秀、樸素
端莊⋯⋯

雁蕩山

雁蕩山位於浙江省東南
部的樂清市境內，聳立於東
海之濱，以山水奇秀聞名，
最高峰百崗尖海拔1150公
尺，號稱東南第一山。主峰

雁蕩之山水奇秀，最初揚名於唐初，到北宋年間聲名日盛。寺廟亭院相繼
興建，最盛時曾有十八古剎、十六亭、十院。如今，在雁蕩山谷之幽隅、
林木深處，仍留存有不少建築堂皇的古寺廟。

雁湖崗海拔1046公尺，雁湖崗頂有湖泊，蘆葦叢生，結草成蕩，秋雁南飛，棲宿於此，故名雁蕩。雁蕩山在地質構造上屬火山岩系，經不斷風化形成了奇特的地貌，光怪陸離。奇峰怪石、古洞幽谷、層巒疊嶂、飛瀑流泉，為雁蕩自然景觀的四大特色。雁蕩勝景集中在東南部的「一龍二靈」，即大龍湫、靈峰、靈巖，又稱雁蕩風景三絕。大龍湫瀑布是雁蕩第一名勝，高約200公尺，騰空飄舞在茂林修竹之間。清代詩人袁枚曾寫詩贊道：「五丈以上尚是水，十丈以下全是煙。」

靈隱寺

靈隱寺位於杭州市區西部，是江南著名古剎，殿宇巍峨，深處於千峰競秀、萬壑爭流的靈、竺山間，氣勢雄偉。寺建於326年，歷史上靈隱寺曾有房屋1300多間，僧眾3000餘人，是中國東南最大的佛寺。現存寺院是19世紀重建的。寺內大雄寶殿高達33.6公尺。殿內正中有金裝釋迦牟尼佛像，以唐代禪宗著名雕塑為藍本，高9.1公尺。柱上有對聯：「古蹟重湖山，歷數名賢，最難忘白傅留詩，蘇公判牘；勝緣結香火，來遊初地，莫虛負荷花十里，桂子三秋。」

千島湖

千島湖位於浙江省西部的錢塘江流域上游，又名新安江水庫，是中國自行設計的第一座大功率水力發電站的「蓄水庫」。這座人工湖泊，碧波萬頃，林木繁盛，島嶼密布，據統計共有島嶼1078個，故稱千島湖。湖區氣候溫暖濕潤，冬暖夏涼。湖水碧澄透明，奇山異石，飛瀑流泉，構成聞名遐邇的千島湖風景區。千島湖風景名勝區現劃分為富陽、桐廬、建德、千島湖和梅城五個景區，主要景點有：新沙、鸛山、桐君山、葫芒瀑、龍山、羨山、蜜山、桂花島、瑤琳洞、靈棲洞、

靈隱寺的大雄寶殿是中國單層重簷的著名建築之一，為單層三簷歇山式建築，殿高33.6公尺，其規模之巨大為中國國內單層建築中所罕見。

千島湖湖面開闊,小島掩映其間。

賦溪石林、大慈岩以及龍門古鎮、嚴子陵釣台、梅城雙塔、方臘洞、海瑞祠等名勝古蹟。

六和塔

六和塔又名六合塔,位於杭州市區西湖南隅,聳立於錢塘江邊的月輪山上,是中國磚木結構建築的佼佼者。「六和」之名來自佛家的六種規約,「六合」就是「天地四方」的意思。塔始建於北宋開寶三年(970),據說是為了鎮壓錢塘江潮而建造,後在塔頂裝明燈,成了江上夜航的指南。宣和三年(1121)毀於兵火。現存塔身是南宋紹興二十六年(1156)重建,外觀13層,塔內7層,由螺旋階梯相連。塔內有南宋紹興年間敕賜開化寺尚書省牒碑、四十二章經和明代線刻真開像等。

普陀山

普陀山位於舟山市東部一個小島,是舟山群島中風景資源最為豐富的一個島嶼。島呈狹長形,環島一周約33公里。最高峰佛頂山是中國四大佛教名山之一,主峰佛頂山海拔219.2公尺。普陀山風景名勝區屬於典型的海島風光,兼具山、水麗色。主要景點有佛頂名山、兩洞潮音、千步金沙、華頂雲濤、朝陽湧日、盤陀普照、蓮花夜月、洛迦燈火等。普陀山還以海天佛國著稱。景區內寺院林立,以普濟、法雨、慧濟三大寺和不肯去觀音院最為著名。島上另有八十八名庵。普陀山各寺院的佛像雕塑,精美絕倫,其中有普濟寺的毗盧觀音跌坐像、千佛樓的阿彌陀佛木雕像以及楊枝觀音碑刻像等。

六和塔每層中心都有小室。磚構塔身的柱子、斗拱等構件都為仿木構建築形成。

阿育王寺

阿育王寺位於寧波市鄞州區阿育王山的南麓,是中國禪宗五大名剎之一。寺始建於西晉太康三年(282),內藏有一顆釋迦牟尼的真身舍利,為保護這一佛國珍品建舍利塔亭,並築禪堂一所。寺始建於南朝宋元嘉二年(425),屬禪宗,有東南佛國之稱。寺的主要建築有舍利殿、雲水堂、藏經樓等600餘間。這些建築依山而築,逐層遞高,形成一套布局完整的古建築群。

楠溪江

楠溪江位於永嘉縣境內,南距溫州市26公里,東與雁蕩風景區相鄰,面積約25平方公里,沿江兩岸有許多自然人文景觀,共計800餘處。楠溪江是甌江下游的最大支流,江流蜿蜒曲折,兩岸綠林蔥鬱,呈典型的河谷地貌景觀,以水秀、岩奇、瀑多、村古、林幽、灘美著稱。風景區沿江分布,現劃分為大楠溪、大若岩、石桅岩、北坑、陡門、水岩和四海山七個景區。大楠溪是楠溪江風景名勝區的中心景區。龜蛇兩山對峙在楠溪江的兩側,山巔各有一座七級

浮屠,被稱為羅浮雙塔。沿江兩岸的古村落、古建築及其他文物古蹟相當豐富。

天目山

天目山在杭州臨安市北,海拔1507公尺,古稱浮玉山,分為東、西兩峰,舊時東、西峰頂各有一池,猶如仰望藍天的一對巨目,天目山即由此而得名。天目山景色秀麗,怪石嵯峨,綠擁群峰,為浙西名山。天目山林木蔥鬱,植物種類繁多,有「植物王國」和「萬寶山」的美譽。天目銀杏有「活化石」之稱。

楠溪江多奇峰、怪石、碧潭,風景優美。

天目山古木參天，與黃山的「奇松怪石」、廬山的「匡廬奇秀」並稱為「江南三絕」。

安徽

🌏 行政區劃

安徽省簡稱皖。舊時取其境內的安慶、徽州兩地的首字命名。安徽省位於中國東南部,地跨長江、淮河流域,境內地形多樣,河湖交錯,山川壯麗,是中國重要的糧棉產區和鋼鐵、煤炭生產基地。介於東經114°54`～119°37`、北緯29°41`～34°38`之間。安徽雖然是一個內陸省分,但距海很近,可以稱它為一個內陸近海省,四周同江蘇、浙江、江西、湖北、河南、山東六省毗鄰。面積13.96萬平方公里。安徽省轄16個地級市,43個市轄區,6個縣級市,56個縣。省會合肥市。

合肥市

合肥市為省政府駐地,位於省境中部。面積7029.48平方公里,轄4區4縣,人口786萬。合肥古為淮夷地,商代稱虎方,秦統一中國後置合肥縣。合肥市地處江淮丘陵分水嶺地帶,境內河流分別向南注入巢湖、向北注入淮河。合肥屬亞熱帶季風氣候,兼有南北過渡特點。在交通方面,淮南、合(肥)九(江)兩條鐵路在市區交會,同時亦為全省公路交通樞紐。水運經巢湖可達長江。南郊駱崗機場可起降大型客機。工業以機械、電子、冶金、化工為主。農作物有水稻、小麥、油菜、大豆等。

蕪湖長江大橋是座公路、鐵路兩用的特大型鋼衍結合橋梁。鐵路橋全長10.5公里左右,公路橋全長5.6公里左右,其中主橋為主跨312公尺的斜拉橋。蕪湖長江大橋集新結構、新技術、新工藝於一體,是中國橋梁建設的標誌性工程。

安慶市

安慶市位於省境西南部，西與湖北省交界，南隔長江與江西省相望，長江沿岸港口城市之一。全市面積15329平方公里，轄3區6縣，代管桐城縣級市。人口524萬。長江自西南向東北流經市南界，納華陽河、皖河等支流，沿江地勢低窪，湖泊眾多。安慶屬於亞熱帶濕潤季風氣候，因有大別山阻擋冷空氣南下，沿江平原為安徽熱量最豐富的地區之一。農作物以水稻、棉花、油料為主。盛產茶葉、魚蝦。工業有石化、輕紡等門類。

蕪湖市

蕪湖市位於省境的東南部，北臨長江，面積3371平方公里，轄4區4縣，人口367萬。漢武帝元封二年（前109）在此設蕪湖縣。蕪湖市地處長江下游平原，長江流經市境西北部，流程70餘公里。漳河、青弋江、水陽江自南向北流貫平原，其間河湖交織，形成水網圩區。蕪湖市屬於亞熱帶濕潤季風氣候。境內礦藏有鐵、銅、石灰岩等。工業以輕紡為主，還有機械、造船等門類。農業以種植水稻、油菜、棉花為主。蕪湖港為長江五大港口之一。蕪湖自1992年起被列為對外開放城市，成為沿江及皖南商品集散中心。

👤 人口、民族

安徽地處長江下游地區，沿江地區經濟較發達，改革開放帶動了全省經濟的發展，省內總人口和分布狀況也隨之發生了較大變化。全省戶籍人口總數為7027萬（2016年），每平方公里的人口平均密度約503人。其中沿江平原東部和皖北平原西部的人口密度較大，平均每平方公里多為500～1000人；皖西山區和皖南山區的人口密度較小，平均每平方公里僅有150～250人。居民中以漢族為主，占總人口的99%以上。其他民族人數較少，還不足全省人口的1%，其中以回族最多，占總人口的0.5%左右，此外，還有滿、壯、苗、彝、畬等少數民族。少數民族多分布在全省各地，只有畬族聚居於寧國市東南部，並已成立了畬族鄉。

以一篇〈醉翁亭記〉揚名天下的醉翁亭即坐落在琅琊山風景區內。現在，景區內又新修和復建了一些景點和仿古建築，與山中原有的古道、古建築相得益彰。

歷史文化

安徽省歷史悠久，人傑地靈，英才輩出。有舊石器時代的「和縣猿人」，春秋時期的鍾離與伍子胥，戰國時期的黃歇（春申君），還有秦漢相爭、淝水之戰以及太平天國抗清的戰場等許多文化遺存和歷史遺跡。歙縣、壽縣、亳州都列為中國歷史文化古城。由於地處江淮之間，安徽省地區間存在差異，交通狀況各有不同，所以南北民俗風情豐富多彩。此外幾千年的歷史文化孕育了眾多的文化塊寶，如徽派建築、徽墨歙硯、徽戲等，至今在中國的文化歷史上熠熠生輝。

醉翁亭

醉翁亭為中國古代四大名亭之一，位於滁州琅琊山半山腰，始建於北宋仁宗慶曆年間，是琅琊寺主持智仙為貶謫至滁州的歐陽修所建，歐陽修親為作記，即〈醉翁亭記〉，千古傳誦。醉翁亭始建時僅一小亭，後不斷擴建，惜乎多次遭毀，直至光緒七年（1881）才恢復原貌，其台榭建築，獨具一格，意趣盎然。亭東巨石橫臥，上刻「醉翁亭」三字；亭西為寶宋齋，內藏高約2公尺、寬近1公尺的〈醉翁亭記〉石碑兩塊，石碑文字為蘇東坡手書，號稱「歐文蘇字」。

徽商

徽商是唐末至民國初年總共千餘年裡，中國封建社會中一個極為活躍並以家族為單位的商業團體。徽商的出現可以追溯到魏晉南北朝時期，但一般認為唐末農民戰爭造成的北方民族大量南遷徽州是徽商興盛的開始。宋高宗建都臨安廣興土木時，由於徽州盛產竹木和生漆等，徽州商人遂因此而富甲天下。在經歷過元代的一度沉寂之後，明初之際，徽商再度興起，異常活躍，作為地方商業集團的徽商正式形成。至清道光年間，以鹽商為主體的徽商開始沒落，到民國時期，徽商集團幾乎完全退出了中國商業舞台。在幾千年來一直奉行重農輕商的中國封建社會裡，徽商的存在，一直吸引著無數社會學家的注意力。山多地少、穀物自給不足是造成徽州人習慣外出經商謀生的自然條件。而太平天國之前徽州少經戰火，大家族得以穩固發展，自然條件與宗族特性的結合，造就了一代徽商集體。不過，作為一個以儒家倫理道德為基礎構架的社會的產物，徽商又與同時代

上莊鎮坐落在黃山東麓腳下，襟山帶水，四周群山環抱，層巒疊嶂。

西方出現的商人根本不同。這不僅僅是由於徽商具有強大的政治背景，更重要的是徽商仍然是以儒家思想為正統，並不以從事商業為榮。

屯溪老街

屯溪是徽商的發祥地。屯溪老街位於黃山市西南隅，是市內現存最完好的一條宋代商業長街，距今已有數百年歷史，為全國所罕見。沿街房屋多為兩層，間以三層，樓下開店，樓上為居室。沿街兩側有茶樓、酒店、書場、墨莊、商場等260多室，各色攤點200多個。門面多為單開門，寬3～5公尺不等。入內則深邃，連續多進，內院以華麗的天井相聯結。一般是前店後庫，前通街，後通江。老街貨鋪鱗次櫛比，古色古香，故有現代「宋街」之譽。

潛口古民宅

徽州的古代建築遺存在秀麗的山水之間，是徽派古文化的積澱和展示。潛口古民宅是徽州古建築的典型代表，主要集中在徽州區紫霞峰下，有民宅、祠堂七幢，山門一套，石橋路亭各一座。山莊背山面水，在住宅之間砌築了台坪、巷街、石階、石板路，還有一口垂柳婆娑的水塘。民宅大多是三間兩進結構，以磚木為基礎建築材料。其中司諫第是江南現存明代建築中歷史最久的一座。在曹門廳、方文泰宅、蘇雪痕宅等宅院中，進入天井，就能看到四面兩層的磚牆木梁的樓宇，結構精巧而嚴密。古代徽州的尋常百姓人家的民宅也不同尋常，方觀田宅就是明代普通民宅的代表。三間樓房，小青瓦、馬頭牆、引拱挑簷，別緻精巧，獨具韻味。

屯溪老街兩側有茶樓、酒店、書場、墨莊等店鋪200多家，貨鋪多賣古物。房屋簷口挑出，以遮雨避陽。

🏔 地貌

安徽省地貌類型多樣，以平原、丘陵和低山為主，平原面積占全省面積的31.3%。平原與丘陵、低山相間排列，地勢南高北低，縱向有兩個起伏。自南至北為皖南山地、長江沿岸平原、江淮丘陵、淮北平原。黃山的蓮花峰海拔1864.8公尺，為全省最高峰。長江沿岸平原是西狹東寬的長條形平原，湖泊眾多，河渠縱橫。安慶和蕪湖是兩個較寬的平原中心。江淮丘陵包括西部的大別山和東部的江淮丘陵。東部的江淮丘陵分兩列，其間為巢湖盆地。江淮山地丘陵以北統稱淮北平原，是由黃河和淮河泥沙沖積而成的沖積平原。

皖中沿江平原

皖中沿江平原位於安徽省中南部長江沿岸和巢湖附近。北界為揚州、滁州、合肥、舒城、桐城、潛山、太湖縣一線，南界為句容、廣德、青陽、東至一線。平原呈東北走向。河谷西側有山地夾峙，山前有廣大階地發育。階地上保留著古長江河床堆積的卵石層。今天長江還不斷沖蝕階地，擴大平原面積。地形包括河漫灘、階地、湖泊、江心沙洲、湖心沙洲等。湖泊主要有巢湖、石臼湖、南漪湖、菜子湖、黃湖等。土地肥沃，氣候溫暖濕潤，灌溉方便，成為全省著名的水稻產區。

天柱山

天柱山雄踞於安徽潛山縣西北5000公尺處，因其主峰深踞群山之中，故又名潛山，還因此地春秋時為皖伯封地所在，又名皖山。天柱山之名皆因山峰突兀雲天，峭拔如柱而得。天柱山的主峰天柱峰，海拔高達1488公尺，號稱「中天一柱」。山中層巒疊嶂，千岩萬壑，遍布蒼松、翠竹、怪石、奇洞、飛瀑、深潭。有天柱、飛來等42峰，麒麟、熔藥等16岩，霹靂、鸚鵡等53怪

皖中沿江平原是安徽重要的農業區。

安徽黟縣的油菜地。

石，試心、千丈等47崖，寶公、司元等28洞；還有18嶺、13井、7關、8池、48寨。山中佛寺道觀並存，現已成為中國的道教名山之一。這裡環境優美，生物資源豐富，其中還有不少名貴花木。

江南石灰岩洞群

安徽的很多地區都有典型的岩溶地貌，江南水鄉適宜的條件，形成了許多大大小小的石灰岩洞。這裡石灰岩洞中的石鐘乳發育形成各種不同的造型，加之洞底積水，構成一個個景色優美的旅遊勝地。在這些石灰岩洞群中，最為著名的有貴池城南的大王洞、蓬萊洞，石台的魚龍洞等。

巢湖盆地

巢湖是安徽省境內最大的湖泊，是典型的淺水性湖泊，巢湖的四周是巢湖盆地。這個地區水資源豐富，光熱條件適宜，氣候條件很適合農作物的生長，而且土壤條件良好，對作物生長非常有利，使該區成為安徽省的農業生產基地，也是中國重要的糧油基地。

江南石灰岩洞群中的著名石灰岩洞——魚龍洞。

巢湖

巢湖位於安徽省境中部，環湖跨巢湖市和肥東、肥西、廬江三縣，是中國五大淡水湖之一，安徽省境內最大湖泊，也是典型的淺水性湖泊。因整個湖區酷似鳥巢而得名巢湖，湖區處於著名的郯（城）廬（江）斷裂帶上。湖盆由斷層陷落而成，湖水較淺，岸線曲折，多湖灣和岬角。巢湖屬長江左岸水系，各水流匯入巢湖後，又從東部出口，經裕溪河注入長江。巢湖可灌溉沿湖地區農田，是合肥工業和生活用水水源。航運可通沿湖各重要城鎮，並可北通合肥，南入長江。

水系

安徽省地形複雜多樣，長江、淮河由西向東流經省境，將全省分為淮北地區、江淮之間和江南三大片。省內的河流分屬錢塘江、長江、淮河等水系。黃山、天目山以南的新安江屬錢塘江水系；黃山與天目山以北、江淮丘陵北部以南屬長江水系。長江在安徽省流程約416公里，支流有青弋江和巢湖水系等。沿江多湖泊，以巢湖最大。北部為淮河水系，包括淮河幹流在安徽省內長約430公里的河段，以及其支流潁河、西淝河、渦河、澮河、沱河和浍河等。

太平湖

太平湖位於黃山與九華山之間，是青弋江上游的一座大型人工水庫，屬高山峽谷型湖泊，也是安徽省最大的人工湖。此湖因位於涇縣陳村，所以一開始叫做陳村水庫，1979年才改成今名。太平湖東西長約48公里，南北最寬處大概只有4公里，最窄處還不到100公尺，總面積約88.6平方公里。太平湖平均水深40公尺，最深處達70公尺，可蓄水28億立方公尺。太平湖水質潔淨，未遭污染，水質經國家認定為一級水質。湖中有大小不同、高低不等的島嶼，如鹿島、猴島、蛇島、黃金島等。

太平湖地區樹林茂密，已成為一個避暑勝地。

☁ 氣候

安徽省季風氣候顯著，四季分明，終年溫和濕潤，並有明顯的南北氣候過渡特徵。其中淮河以北為暖溫帶半濕潤季風氣候，淮河以南、黃山山脈以北為北亞熱帶濕潤季風氣候，黃山山脈以南為中亞熱帶濕潤季風氣候。氣溫一般南部高於北部。年降水量南部多於北部，山地多於平原。夏季各月降水量的逐年變化大，往往引起旱澇災害。

🌳 自然資源

由於安徽省地質構造形成過程的特殊性，使其擁有豐富的礦產資源。目前全省已發現金屬和非金屬礦產共一百多種，產地多達幾千處，而且這裡的礦產資源分布很集中，利於開採。秦嶺、淮河是中國南北地理上的一條重要分界線，安徽省處於江淮地區，因而境內的生物資源豐富、種類繁多，同時也具有南北過渡性、多樣性和區域性等特點。省內有很好的氣候環境，適宜動植物的生長繁殖，棲息繁衍著揚子鱷、江豚等瀕危動物。

華東黃杉

華山礬

華山礬屬山礬科植物，是落葉灌木，多生於丘陵疏林中。樹高僅有1～2公尺，小枝與葉表面都有柔毛，花為白色，較小，直徑僅有1公分左右，帶有微香。花瓣反捲，花期集中在3月～7月。華山礬多分布在安徽的丘陵地帶。

醉翁榆

醉翁榆屬榆科植物，又名毛榆，分布區極狹窄，因僅見於安徽滁州醉翁亭附近，故稱醉翁榆。醉翁榆多生於海拔100公尺以下的山麓或溪溝邊，目前殘存的大樹約有30株，多屬老齡植株，而幼樹則多生長在灌草叢中，生長不良，有瀕於絕滅的危險。醉翁榆是落葉喬木，高可達25公尺，胸徑80公分，小枝常生有厚木栓翅，葉緣常具單鋸齒，被柔毛，種子位於中央。它是中國特有的樹種，樹幹通直，木材堅實，是江淮、淮北石灰岩山地的優良造林樹種。

醉翁榆的枝葉。

華東黃杉

華東黃杉屬松科、常綠大喬木，高達40公尺，胸徑1公尺，葉長2～3公分，下表面氣孔帶白色，有綠色邊帶。其毬果下垂，果形呈卵圓形或圓錐狀卵圓形。華東黃杉多分布於安徽的山林中。

短尾猴

短尾猴又名紅面猴，屬猴科。其臉面為紅色，並會隨年齡的增長而有變化，幼小時紅色並不明顯，越長大就越鮮紅，到老時又褪掉，變為紫色或肉色。另外，其毛色也隨年齡而變化，由深棕、深褐而至棕黑。短尾猴喜歡成群棲息在樹木稀疏的樹林中，主要生活在樹上，有時也成群在地面上活動，牠們的蹤跡遍布於山谷中。

揚子鱷

揚子鱷又稱中華鼉、鼉，是鱷形目鼉科鼉屬的一種，主要分布於長江中下游，是中國的特產動物，形如大蜥蜴。成年揚子鱷雌性多於雄性，比例約為5：1。揚子鱷的性別是由卵週邊的孵化溫度決定的：30℃以下為雌性，34℃以上為雄性。揚子鱷棲息於河湖淺灘，白天常浮於水面曝曬於日光下，

因為短尾猴的尾巴特別短，所以在較早的著作中，牠被稱為「斷尾猴」。又因為牠的毛色通常是黑褐色的，略似朱古力色，所以在南方又有「黑猴」或「泥猴」之稱。

夜間出來覓食。登陸步行不如水下行動靈活。現野外揚子鱷已經為數不多。中國已公布揚子鱷為禁獵的保護動物，並在安徽建立揚子鱷繁殖研究中心，實行圈養。在

1992年「世界瀕危野生動物國際貿易公約國大會」上通過了中國揚子鱷商業化圈養的提案，這是中國被國際上批准的第一種可以進行商品化開發利用的野生動物。

Travel Smart

揚子鱷自然保護區

揚子鱷世世代代生活在長江流域各地，現已被列為國家一類保護動物。揚子鱷自然保護區位於安徽省長江以南的青弋江和水陽江流域，主要保護揚子鱷及其棲息繁衍的生活環境。保護區內低山丘陵連綿起伏，山地上主要植被為落葉常綠闊葉混交林（次生林）、人工林和灌叢，丘陵之間山塘濕地星羅棋布。在保護區中野生鱷種群得到了有效保護，並有所恢復和發展。現在，該區已成為舉世矚目的野生揚子鱷的科研基地。

揚子鱷將卵產於草叢中並且在卵上覆蓋雜草，母鱷還守護在一旁。這些卵都靠自然溫度孵化。

經濟

安徽省自然資源較豐富，煤、鐵等儲量居全國前十位。安徽省境內地形複雜，氣候多樣，適合農業的綜合發展，是全國的農業大省，也是國家糧、油、棉、茶葉等的主要產區之一。農業兼具有南、北方的生產特徵。工業部門門類較齊全，重工業以煤炭、機械、化工為主。近年來，家電製造業迅速發展。安徽手工業的歷史也很悠久，宣紙、徽墨、徽硯等聞名國內外。此外，安徽的交通較發達，利用已有風景名勝區迅速發展旅遊業，已成為安徽省的經濟支柱之一。

安徽銅陵長江公路大橋。

農業

安徽全省耕地面積約有4.36萬平方公里，占土地總面積的31.4%；茶園、桑園、果園共占1.7%；林業用地占25.7%；宜農荒地占0.7%；宜林荒山荒地占10.0%；淡水面積占8.6%。土地資源的利用雖以耕地為主，但各地的墾殖指數和復種指數差別較大，發展農業還有較大潛力。

工業

1949年以前，安徽全省僅有少數設備簡陋的食品、棉紗、採煤等廠礦，工業基礎薄弱。新中國成立以後，安徽省利用自己的優勢充分發展工業生產，現今省內的工業門類比較齊全，並已發展成為中國煤炭、冶金工業的重要省分之一，而且在交通發展和礦產資源開發的帶動下，工業得到更大規模的發展。電力、機械、化工、紡織、食品、建材、石油、造紙等工業也具相當規模。近年來家電製造業也迅速發展起來。

安徽的茶田種植廣泛，出產的名茶有20多種。

Travel Smart

徽州名茶

當今全國十大名茶中，徽州有三種，即黃山毛峰、太平猴魁和老竹大方。聞名中外的黃山特級毛峰茶主要產於雲谷寺、慈光閣、松谷庵、吊橋庵和桃花峰等處，沖泡時霧氣繚繞，香鬱醇甜。太平猴魁產於猴坑、猴崗、顏家三個自然村，在中國名茶中獨具一格。兩葉包一芽的「兩刀夾一槍」，主脈暗紅，湯色清綠，味醇香鮮，有爽口、潤喉、明目提神之效，被國內外市場視為珍奇。老竹大方屬綠茶中的扁形茶，產於歙縣老竹鋪的老竹嶺等地，以「頂谷大方」品質最佳，色澤深綠烏潤似竹葉，湯色淡黃，香濃而純，略帶板栗香。

交通

鐵路是安徽全省運輸的主體。商阜線、阜淮線、淮南線、皖贛線、宣杭線等鐵路縱貫全省中部，北部有隴海線、青阜線，東部有京滬線，南部有寧銅線、合九線，京九線通過安徽西北面的阜陽市。蚌埠、阜陽、合肥、蕪湖為鐵路樞紐。合寧、合武、京滬等十條高速鐵路的陸續建成，合肥將形成以快速客運鐵路為主骨架的區域綜合交通網絡。在公路方面，有104國道、105國道、205國道等八條幹線。內河航運有長江及其支流青弋江、巢湖水系，以及淮河及其支流潁河、渦河、沱河。萬噸海輪乘潮沿長江可達蕪湖。馬鞍山、蕪湖、銅陵、安慶是長江的主要港口。駱崗機場在合肥市區南，有航班通往北京、上海、廣州、深圳、香港等地。

亳州花戲樓的山門之前，立有鑄鐵旗桿一對，高約16公尺，重1.2萬公斤，環繞旗桿，各種裝飾也十分華麗。

✈ 旅遊地理

安徽省的旅遊吸引力主要在山水風光。其景觀多樣，類型各異，風格鮮明，豐富的人文景觀寓於名山秀水之中。安徽景區集中，尤其集中於皖南山區。這裡有舉世聞名的黃山、四大佛教名山之一的九華山和清涼峰、太平湖等。這裡還保留著特色鮮明的徽州文化，屯溪的古城鎮風貌頗具魅力。此外，天柱山、琅琊山、馬鞍山、巢湖，以風光旖旎而素有盛名。安徽歷史文化名城眾多，國家級的歷史文化名城有亳州、壽縣等。文物古蹟亦不勝枚舉。

九華山

九華山位於安徽省青陽縣域西南，是中國佛教四大名山之一。山中遍布蒼松翠竹，奇洞巧石，流泉飛瀑，山景水色，美不勝收。山上有99座山峰，其中天柱、十

九華山祗園寺中的佛事。

王、蓮花等九座主峰遠遠望去似並肩站立的九個兄弟，因而又叫九子山。十王峰為最高峰，海拔達1342公尺。九華山氣勢磅礴，煙雲繚繞，古剎林立，是中國以佛教文化為特色的山嶽風景名勝區，也是舉世聞名的地藏王菩薩道場，素有「蓮花佛國」之譽。山中現有寺廟78座，其中9座為全國重點寺院，廟宇建築均具有皖南民居的特色。古人將九華山的景色概括為：五溪山色、桃岩瀑布、舒潭映月、平岡積雪、蓮峰雲海、九子泉聲、天柱仙蹤、天台曉日等十三景。唐代詩人劉禹錫在〈九華山歌〉序言中曾高度評價九華山：「九峰競秀，神彩異石。」他在詩中寫道：「奇峰一見驚魂魄，意想洪爐始開闢。疑是九龍夭矯欲攀天，忽逢霹靂一聲化為石。」1982年九華山被列為國家級風景名勝區。

祇園寺

祇園寺位於九華山東崖西麓，是九華山四大叢林之一。祇園，佛經中所指的印度的佛教聖地，相傳釋迦牟尼在祇園宣傳佛教20餘年，九華山祇園寺因此而得名。祇園寺始建於明代嘉靖年間，清代多次重修。它依山就勢，層層疊疊，飛簷翹角，畫棟雕梁，琉璃覆頂。寺中有大雄寶殿、方丈寮、衣鉢寮、光明講學堂等上百間房屋。以大雄寶殿為中心，山門、二門配殿、寮房都不規則，依地形而變，更突出正殿雄偉的效果。清嘉慶年間，隆山禪師任住持，香火日盛，遂為叢林。人間情味濃重、世俗化色彩濃厚，是九華山佛教所獨有的特點。

桐城文廟

桐城文廟舊稱聖廟、學宮，在桐城市龍眠路西端，是古代祭祀孔子的場所，也是江淮地區建築規模較大、營造工藝較高的祭孔建築群。該廟始建於元延元年（1314），原址在東門外，元末毀於兵火，明洪武元年（1368）移建今址。明清兩代曾經19次修葺，現存建築為1987年仿明清圖式重修。文廟占地面積3200平方公尺，規模宏偉，布局規整，建築錯落有序，主要建築有泮池、狀元橋、大成殿、東西廊廡等，今仍保持舊觀。大成殿是文廟的主體建築，呈長方形，面闊五間、進深三間，重簷歇山頂，是一座以斗拱為梁柱結點的木構架抬梁式大木殿式建築。斗拱及梁架結構簡潔、勻稱，形象別緻，有八角形坐斗、異形拱，具有遼金風格，為清代建築斗拱中所少見。

許國石坊

在古老的歙縣山城，一進「陽和門」，迎面是一座跨街矗立、宏偉雅致、奇異獨特的石牌坊，這就是著名的許國石坊。牌坊大多四腳，而許國石坊是八腳，俗稱「八腳牌樓」。八腳牌坊很少見，這是唯一存世的一座。石坊建於明萬曆十二年（1584），平面呈口字形，三層四面八柱。主樓以橫枋分為三層，最上層由斗拱承歇山頂屋簷，山面附樓各出兩層挑簷。石坊通體為堅硬青石雕琢而成的仿木建築，渾厚雄偉、古樸典雅，所刻飛龍走獸、彩鳳飛禽，神態逼真。許國牌坊的造型結構宏大獨特，為中國古代石坊建築中的罕見實例。

九華山古拜經台位於天台峰下，坐落於山峰峭壁之上。主要建築有大雄寶殿、海島、靈官殿、地藏殿等。相傳地藏菩薩曾在此處拜經，岩山上還有其拜經時留下的腳印，故名古拜經台。

石坊四面雕為雙龍盤邊，鐫刻著董其昌所書「恩榮」、「先學後臣」、「大學士」、「少保兼太子太保禮部尚書武英殿大學士許國」等題款。

棠樾村牌坊

歙縣棠樾村村首井然有序地矗立著七座石牌坊，被稱為棠樾牌坊群，是鮑氏家族旌表本族歷史人物的建築群。其中明代兩座、清代五座，雄偉高大、古樸典雅，具有不同時代的建築特點，又有共同的徽派石雕風格，具有很高的歷史、藝術價值。其中明朝建的為三間四柱三樓式，清朝建造的為三間四柱沖天式，皆高偉獷放，體現了徽派石雕藝術風格。牌坊群的興建與歷史上徽商發跡有關。這些牌坊都堪稱珍貴建築文物，是徽州文化的重要組成部分。

中都皇陵

明代古陵最著名的除江蘇南京的明孝陵、北京的明十三陵和湖北鍾祥的明顯陵之外，在朱元璋的老家安徽鳳陽還有一座中都皇陵。當初朱元璋在營建鳳陽中都城垣宮殿的同時，還營建了朱元璋父母的皇陵，其兄嫂、姪兒也合葬於此。這是一座規模宏大的建築群。這裡築有土城、磚城、內皇城三道城牆。皇陵正殿是最宏偉的建築，共九間，為祭祀場所。內城北門內神道自南向北，東西對列，有文臣、武將、

牌坊在中國古代用來彰顯功成名就之士，或旌表貞烈婦女。歷經滄桑的牌坊，是安徽歷史文化的遺蹟，也是精彩的建築藝術。圖為膠州刺史牌坊。

黃山日暮。

內侍、石羊、石獅等華表、石像，皆以整塊石料精雕而成。整個建築群宏麗森嚴，蔚為壯觀。現在遺址保存尚好，尤其是陵前神道上一套甚為完整的石人、石獸，造型豐美，雕工精湛，屬明代藝術風格，其雕刻藝術之精美為全國少見。

黃山

黃山古稱黟山，因峰岩蒼黛而名。黃山位於安徽省南部，橫亙在黃山市黃山區、徽州區、歙縣、黟縣和休寧縣之間，面積約1200平方公里（風景區154平方公里）。黃山自古以雄峻瑰奇、博採眾山之長而著稱於世，風景區內峰巒疊嶂，著名的有36大峰、36小峰。蓮花峰、光明頂、天都峰三大主峰，海拔均在1800公尺以上，另有一千公尺以上高峰77座。黃山花崗岩體的斷裂和裂隙縱橫交錯，形成瑰麗多姿的洞穴、孔道，重嶺峽脊。黃山素以「奇松、怪石、雲海、溫泉」四絕著稱於世。黃山四季景色各異，日出、晚霞、華彩、佛光和霧等時令景觀各得奇趣，還兼有「天然動物園和天下植物園」的美稱。1990年12月，聯合國教科文組織將黃山列入《世界遺產名錄》。

中都皇陵中的武將石像，為石雕藝術中的精品。

皖南古村落

融人文景觀與自然景觀於一體，
是「中國畫裡的鄉村」。

皖南保存著大量的明清時期古民居，數量之多，令世人震驚。這些古民居的建築帶有一種藝術特色，外形全部是粉牆青瓦，現在經過大自然的風雨侵蝕，牆上的白粉已零星脫落，出現了一種冷暖相交的雜色，讓人感受到一種深遠的歷史感。這些古村落連成一片，是一道具有中國傳統文化的歷史文化長廊。西遞、宏村，正是這些迷人的古村落中的代表。

宏村位於黟縣城東北，距縣城10公里。宏村始建於南宋，是汪姓聚族而居之地。有著800年歷史的宏村，形如牛狀，是當今世界文化遺產中的一大奇蹟。這裡山川秀美，氣候宜人，湖光山色，獨領風騷，融人文景觀與自然景觀於一體，故藝術家稱之為「中國畫裡的鄉村」。村落平面採用牛形布局。宏村從選址、規劃到建築的營建，都是人們從一定文化觀念和宗教觀念出發，有意識地強化自然界中「牛」的形態，體現了農耕民族對牛的崇拜與依賴。

「牛腸」——水圳引西溪河入水口，經九曲十彎流經全村，最後注入南湖，充分發揮了其生產、生活、排水、消防和改善生態環境等功能。居民足不出戶，就可以飲用、洗滌、澆園，及至鑿池養魚、植花種草以休養生息。西遞位於安徽省黟縣東南部，全村面積1.3萬平方公尺，東西長700公尺，南北寬300公尺，是個典型的以宗族血緣關係為紐帶、經幾代繁衍而成的同族聚居村落。村中以胡氏宗族為主。從遠處看，它的建築體形恰似一種船形。這裡風光秀美、山水迷人，是一塊難得的風水寶地，人文景觀也處處可見。

宏村承志堂。

早在古時，中國傳統的重視讀書做官、輕視經商的觀念已開始動搖。西遞村中大部分讀書人開始棄書經商，告別家鄉，躋身於強大的「徽商」隊伍中。由於他們大多數人博覽群書，在經商過程中，有著較為科學的經營思想和方法，常能「以一獲十」地牟取暴利。為此，西遞漸變為具有雄厚財力的古村。西遞至今保存較完整的民居尚有120多幢，是中國現代保存較為完整的古民居建築群之一，故被專家稱為「東方古代建築的藝術寶庫」。2000年，西遞、宏村被列入《世界遺產名錄》。

獨具特色的皖南古民居。

宏村南湖集湖光山色於一身，群山、清流、丹霞與古民居相映成趣，風光綺麗。

華東 福建

🌐 行政區劃

福建省簡稱閩，因分別取其境內的福州、建甌兩地的首字而得名。位於中國大陸東南沿海，面臨東海，地處北緯23°31'～28°22'、東經115°50'～120°40'之間。東瀕台灣海峽，與台灣隔海相望，東北與浙江省毗鄰，西北橫貫武夷山脈與江西省交界，西南與廣東省相連，是中國的重要門戶。全省大陸岸線長3324公里，沿海島嶼1500多座，陸地面積12.14萬平方公里，海域面積13.63萬平方公里。轄9個地級市、29個市轄區、44個縣，還有12個縣級市。省會福州市。

福州市

福州市是福建省省會，別名「三山」、「榕城」，簡稱「榕」，是中國東南沿海開放港口城市。它位於福建省東部、閩江下游，東瀕東海，與台灣隔海相望。面積12153平方公里，轄6區6縣1個縣級市，人口有757萬。福州秦朝時為閩中郡地。唐開元十三年（725）始稱福州。福州兩度成為臨時京城。1946年成立福州市。福州地處閩東山地東部和閩東南沿海丘陵平原北部，地勢從西向東傾斜。閩江橫貫中部後注入東海。市內建有總裝機容量140萬千瓦的華能福州電廠和140萬千瓦的水口水電站。礦產資源有葉蠟石、石英砂、明礬石等，其中葉蠟石儲量居全國首位，壽山田黃石舉世聞名。市內工業以化工、冶金為基礎，輕工、紡織為支柱，都具有較先進的技術設備。

廈門市

廈門市是福建省轄市，中國經濟特區之一，著名僑鄉和港口風景城市。它位於福建省東南部沿海，面積1565

188　中國國家地理（全新黃金典藏版）

平方公里，轄6個區，全市約有人口220萬，以漢族為多，有回、畬、壯、滿等27個少數民族。廈門原為海島，1957年鷹廈鐵路建成通車，遂與大陸連成一體。廈門地處閩東南沿海丘陵平原南部，地勢自北向南傾斜，西、北邊境以丘陵為主，海岸線曲折，屬亞熱帶濕潤氣候區。市內主要企業涉及電子、機械、化學、食品、紡織、建材、儀器儀錶、皮革等行業。農業以生產稻穀、花生、甘蔗等為主，盛產龍眼。鷹廈鐵路縱貫西部，有廈門港、劉五店港等港口和高崎國際機場。明清時期，廈門作為民族英雄鄭成功收復台灣的基地而聞名於世。

泉州市

泉州市是福建省轄市，國家歷史文化名城之一，也是中國對外開放的12個港口城市之一。市區位於省境東南部晉江下游北岸，南臨台灣海峽。面積11015平方公里，轄4區5縣，代管3個縣級市。全市約有人口858萬，居民除漢族外，還有回、畬等少數民族。泉州市臨海，屬亞熱帶濕潤氣候區。市境內有一定的礦藏，工業以服裝業為主，農業以種植亞熱帶作物為主。境內國家重點文物保護單位較多，有鄭成功墓、天后宮、開元寺、九日山、摩崖石刻等。

人口、民族

福建全省人口3874萬（2016年），其中漢族人口約占總人口的98%左右，少數民族有畬、滿、回、苗、高山、蒙古等31個，其中又以畬族人口最多。有閩南語、福州話、客家話等多種方言。福建省是中國主要僑鄉之一，旅居世界各地的華人約有800多萬，約占海外華僑、華人總數的1/3，其分布遍及亞、非、歐、美等各大洲，但以東南亞各國為主。廈門市和泉州市為省內主要僑鄉。

廈門是一座美麗的海港風景城市，整個城市海岸線蜿蜒曲折，全長234公里。港外島嶼星羅棋布，港內群山環抱，港闊水深，終年不凍。「城在海上，海在城中」，構成了廈門的總體風格。

惠安縣的女子以吃苦耐勞和服飾奇特而聞名，被稱為惠安女。

福建省俗稱八閩，原是古越族的居住地。晉唐以後，由於征戰不斷，中原的漢族為避戰亂，紛紛遷入福建。中原文化、荊楚文化，隨著漢人的遷移而傳入了福建，並與福建的土著民族——古越族的文化相結合，慢慢地形成了福建特有的文化——閩文化。從民俗角度講，這種閩文化是具有中國東南特色的民俗文化體系。由於漢人和土著的古越族在生活上的各方各面有所不同，造成福建各地的民俗有所差異，而各地在不同時代其習俗也不盡相同。

客家首府——長汀

長汀置縣始於東漢，歷史悠久，人文薈萃，是中國歷史文化名城。眾多的古蹟和舊址至今保存完好，其中有新石器時代遺址13處、商周遺址119處、秦漢遺址9處、國家重點文物保護單位6處。長汀最早的先民是古越族人，東晉以後，中原人陸續南遷入閩，客居汀江一帶，這些外來人口就成為早期的汀州客家先民。自宋末始，長汀客家先民就有漂洋過海到台灣、南洋乃至世界各地謀生創業的。遷移出海的通道有兩處，一處自汀江直下上杭、永定，然後由韓江經潮州、汕頭出南海；另一處經龍岩、漳州、廈門到東海。

畲族

畲族人口有70.86萬（2010年），以福建、浙江兩省為多，尤以福建分布的最多。畲族有自己的語言，畲語屬漢藏語系苗瑤語族，無本民族文字。99%的畲族使用接近於漢語客家方言的語言，通用漢文。畲族自稱「山哈」。「哈」，畲語意為「客」，「山哈」即指居住在山裡的客戶，史稱「畲民」和「輋民」，解放後統一稱為「畲族」。關於其族源，說法不一。總之，早在7世紀初畲族就已居住在閩、粵、贛三省交界的山區。自宋代才陸續向閩中、閩北一帶遷徙，約於明、清時始大量出現於閩東、浙南等地的山區。畲族人民主要從事農業生產，以種植水稻、紅薯、麥子、豆類、菸葉為主。

惠安女

在福建泉州，最吸引人注目的要數穿戴奇特的惠安女子了。惠安女子的純樸善良、賢慧勤勞是聞名於世的。她們吃苦耐勞，除在家裡負責全部家務外，在農業生產勞動中也擔任很重要的角色。此外惠安女子的服飾也很奇特，顏色鮮豔，衣身、袖管、胸圍緊束，衣長僅及臍位，肚皮外露，顯現出身段的曲線美。頭上的裝飾主要是頭巾和斗笠，頭巾把臉包得只露出眼、鼻、口等狹小部分。

畲族傳統的繡花鞋。

媽祖文化

　　媽祖信仰是福建文化和民俗的重要部分。相傳媽祖本名叫林默娘，她運用自己天賦異稟的能力為人看病，還能預報天氣變化，使漁民們避過颱風等帶來的危險，轉危為安。人們非常感激她，都把她當做神女、龍女來崇拜。林默娘的「聖蹟」向四面八方傳開，老百姓親切地稱她為「媽祖」，歷代統治者亦多次予以褒封，從夫人到妃、天妃、天后，直到天上聖母，使得對媽祖的崇拜愈加發展。媽祖廟中一般是「前殿媽祖，後殿觀音」，即在供奉媽祖的前正殿之後，隔著一個天井，後面是供奉觀音菩薩和十八羅漢的觀音殿。

崇蛇的遺風

　　舊日崇蛇習俗在福建隨處可見。如南平一帶有過蛇王廟，漳州南門外有過南台廟俗稱蛇王廟，閩南有過蛇郎君的傳說，還有些地方有關於蛇的石刻等等。這些都說明，福建人有過崇蛇之俗。福建崇蛇習俗的遺風，至今仍隨處可見。其中，南平樟湖坂的遊蛇燈和人蛇共遊活動，平和三坪村把蛇當做保佑家居平安的神物，都是比較典型的。人蛇同遊一般選擇在農曆七月初七日，在數百人的遊行隊伍中，前為儀仗隊，人手分執斧鉞刀戟模型，中間為樂隊，吹吹打打。隊伍中間有人抬著蛇神塑像和神龕，神龕中置一大盆，裝有活的大蛇，還有數人各執一蛇，或執於手，或纏於肩上，是謂人蛇共遊。當人蛇遊行隊經過時，各家都要燒香燃鞭炮，以示對蛇神的恭迎。

湄洲媽祖廟內14公尺高的媽祖石雕塑像，面向大海，似乎如傳說中一般，正佇立雲頭，為迷失方向的商旅舟楫導航。

⛰ 地貌

　　多山是福建省的地貌特點，境內山嶺聳立，低丘起伏，河谷和盆地交錯其間。山地面積大、分布廣，占全省總面積90%以上。平原面積小且分布零散，主要分布在閩江、九龍江、晉江和木蘭溪等河流下游及內陸盆地沿河兩側。省境內山地有兩列大致呈北東或北北東走向、相互平行的山脈。蜿蜒在閩、贛邊境的武夷山脈是閩、贛兩省水系的分水嶺和閩江及汀江的發源地；而斜貫於省境中部的鷲峰山脈—戴雲山脈—博平嶺，是省內第二級河流的發源地。此外福建省大陸海岸線長度居全國第二位，沿海港灣、海島眾多。

武夷山脈

　　武夷山脈是中國東南沿海的重要山脈，是東南沿海地區重要的自然地理界線。它是東南沿海丘陵與江南丘陵的分界線，也是福建省閩江水系、汀江水系與江西鄱陽湖水系的天然分水嶺。武夷山脈位於閩、贛兩省之間，呈北北東走向，長約540公里，北與仙霞嶺相接，南與九連山相連。地勢北高南低，北段地勢均在海拔一千公尺以上。南段海拔多在一千公尺以下。黃崗山海拔2158公尺，是武夷山脈最高峰。武夷山脈東西山麓紅層分布地區，由紫紅色砂岩經風化而成的丹霞地貌，碧水丹山，多奇峰異洞。武夷山區植物資源豐富。地帶性植被為常綠闊葉林，其中有許多珍稀樹種，如福建柏、銀杏、鐘萼木、苦櫧等。山上植被的垂直變化也較明顯。野生動物資源亦豐富，1979年在武夷山脈北段建立了武夷山自然保護區。

博平嶺

　　博平嶺位於九龍江北溪的南面，呈北東走向，是閩中大山的南段，自漳平向西南延伸抵廣東省境內。組成山地的岩石除火山岩、花崗岩外，還有砂岩、灰岩等多種年代新老不一的沉積岩。博平嶺是福建南部的地理分界線，嶺以東受海洋影響較明顯，氣候暖熱濕潤，受颱風危害大；而以西地區氣溫較低，有效降水豐富，颱風影響較弱。博平嶺還是九龍江西溪、漳江和東江等與汀江支流永定溪和九龍江北溪上源雁石溪的分水嶺。

寬10餘公尺、落差30餘公尺的武夷山青龍瀑布，從層層岩石間遞次跌落，飛噴沖激，極為壯觀。

福建東山島。

東南沿海丘陵

東南沿海丘陵是中國東南部具有亞熱帶山地丘陵景觀和濱海景觀特色的自然地理單元,包括錢塘江至廣東惠東、河源一線以東的中國東南沿海。東南瀕東海與南海,西北以九連山、雲開大山與皖南丘陵、江南丘陵和南嶺山地為界,包括福建省全部和浙、粵兩省的部分地區。區內峰巒逶迤,河流縱橫,海岸曲折,島嶼星羅棋布,四季常青。地勢西北高東南低,丘陵山地面積大,約占全區總面積的85%。在大地構造上,主要屬於東南沿海褶皺系,屬華力西褶皺帶,以上升剝蝕為主,燕山運動奠定了這裡的地貌基本格局。組成山地丘陵的岩石中70%以上是花崗岩和火山岩,其上發育了紅色風化殼。這裡岸線漫長曲折,岬灣相間,且多島嶼,多天然良港,如象山港、三門灣、福州港、湄洲灣、廈門港、大亞灣等。東南沿海丘陵至今地殼仍有活動,歷史上曾發生多次強烈地震,是中國強震區之一。這一帶屬亞熱帶濕潤季風氣候,具有海洋性特徵,大部分地區可種植雙季稻。

東山島

東山島位於福建省漳州市東山縣,由32座大小島嶼組成。其中東山島最大,面積188平方公里,是福建省第二大島。東山島形狀似蝴蝶,故又稱蝶島,東瀕台灣海峽,與台灣隔海相望,西臨詔安灣,與詔安縣一水相隔。東南是著名的閩南漁場和粵東漁場交匯處,北經八尺門海堤與大陸相聯。全島地勢由西北向東南傾斜,地形以丘陵、台地為主,沿海有風沙地貌分布。東山港水深港闊,避風條件好,是福建省的優良港口之一,已對外開放。東山島氣候屬南亞熱帶,暖熱少雨,常年風大,颱風頻繁。島上漁業發達,工業以輕工業為主,鹽業生產也頗重要。自八尺門海堤建成後,公路可直通漳州。海運以東山港為中心,可達廈門、汕頭、香港等地。

武夷山景區峰岩林立，氣勢磅礴，九曲清溪蜿蜒於峰岩之間。九曲最下游的一曲旁，大王峰雄踞溪北，摩霄凌雲，武夷山人有云：「不登大王峰，有負武夷遊。」

🌀 水系

福建省內有大小河流663條，河網密度大，在全國具有較突出的地位。河流分屬於29個水系，多源於武夷山脈或鷲峰—戴雲—博平嶺山脈，其中閩江、九龍江、汀江、晉江四大水系最主要，水量豐沛，水力資源豐富，且地質條件較好，有良好的壩址用來建築水庫。福建是全國多山、多雨的省分，徑流資源豐富，平均流量變化不大，但流量的季節變化卻相當明顯，最大月平均流量與最小月平均流量可相差5倍～12倍。

閩江

閩江是福建省最大河流，發源於武夷山脈，全長577公里，流經35縣市。閩江流域地勢自西北向東南作波浪式下降，上、下游河谷形態和流域面積倒置現象十分明顯。南平以上為上游，有建溪、富屯溪、沙溪三大支流，成「T」字形擺布；南平以下至安仁溪口為中游，此段較大的支流有古田溪、尤溪；安仁溪口以下為下游，此段最大的支流是大樟溪，在福州盆地流入閩江南

港烏龍江。閩江徑流豐富，年徑流量為551億立方公尺（竹岐站），竹岐以下又有大樟溪等支流。流量年際變化小，但是年內變化大，最小月平均流量與最大月平均流量可相差5倍～12倍。閩江有兩汛，4月下旬至6月下旬的梅雨性降水形成夏汛；8月～9月颱風性降雨形成汛峰。閩江水系中、上游灘多水急，水力資源豐富；但閩江屬山區型河流，航道灘多流急，航槽窄，彎曲半徑小，航運能力較低。下游泉州平原農業生產發達。閩

江流域自然資源豐富，森林積蓄量2.86億立方公尺，占全省的66.5%，是中國重要的林業基地之一。主要礦產有煤、鐵、石灰石、硫鐵礦、重晶石及鎢、鈮、鉭等有色、稀有金屬。此外流域內的旅遊景點很多，而且頗具特色。

木蘭溪

木蘭溪在福建中部沿海，源於德化縣境內的戴雲山脈東坡。入仙遊縣納西苑溪、榜頭溪和龍華溪，稱仙溪。流經縣城南門稱南溪，又名藍溪。集大小溪澗300多條從蓋尾鄉出，入莆田華亭鄉的油潭，稱瀨溪。東流納華亭溪、菱溪、西沖溪、可溪和白沙溪，至將軍岩前木蘭山下，始稱木蘭溪。木蘭山下有宋代興建的大型水利工

雄踞於閩江下游江中的金山寺。閩江下游水流緩慢，江面平靜。

程木蘭坡。再向東北流經寧海橋下出三江口，注入興化灣。木蘭坡以上屬山地性河流，比降大、水流急；木蘭坡以下為平原性河流，比降小、江面寬、水流平穩。莆田平原是在海積平原的基礎上，由木蘭溪等沖積形成的，是福建省的第三大平原。流域內是福建蔗糖和水果的重要產地。

晉江

晉江是福建南部主要河流，介於閩江與九龍江之間。它發源於戴雲山脈，幹流長182公里。上游有東、西兩條溪流，西溪為幹流。兩溪匯於南安雙溪口，至晉江市入海，流域面積達5629平方公里。晉江支流眾多，呈扇狀水系，河谷形態以峽谷為主。流域內水土流失嚴重，含沙量高達0.384公斤／立方公尺，是全省含沙量最大的河流。晉江流域歷史上起過重要作用，流域內名勝古蹟甚多，是中外宗教文化薈萃之區，又是「海上絲綢之路」的起點。流域內煤、鐵、高嶺土等礦產資源較豐富。晉江中上游比降大，水能蘊藏豐富，發展中小型水電站條件優越。下游泉州平原農業生產發達，人文薈萃。泉州是中國文化名城之一。

🌧 氣候

福建省地處南亞熱帶，西北有高峻的武夷山脈為屏障，削弱了冷空氣的入侵；東瀕海洋，暖濕的海洋氣流不斷向內陸輸送，屬亞熱帶海洋性季風氣候。年均溫17℃～21℃左右，最冷月溫度為6℃～13℃，大於10℃活動積溫為4500℃～7500℃。年降水量1100～2000公釐，內陸多於沿海，山地多於平原；受地形影響，降水分布自東向西呈兩低兩高現象。降水季節分配不均，以春夏季最多，夏秋間有颱風雨，冬季降水雖少，但也可達160～240公釐。風向的季節性明顯，冬季多偏北風，夏季盛行偏南風。福建主要氣象災害有旱、澇、風、寒、雹等。暴雨常常造成洪澇。每年都有颱風在福建登陸，雖然帶來充沛的雨量，但往往造成洪澇、狂風災害。

🌳 自然資源

福建省資源比較豐富，有不少資源的總量在全國居首位，比較突出的主要有森林資源、海洋資源、水資源、以非金屬礦為代表的礦產資源等資源大類。其中葉蠟石、石英砂、建築砂、高嶺土、熒石、花崗石材六種礦產資源保有儲量居全國前列。福建因地處亞熱帶氣候區，水分條件好，森林茂密，因此其中的動植物資源也很豐富，很多品種還是中國獨有的。

九曲溪發源於武夷山脈主峰——黃崗山西南麓，經星村鎮向東穿過武夷山風景區，盈盈一水，折為九曲。九曲溪全長9.5公里，流域面積8.5平方公里，沿途森林茂密，植物資源豐富。

凹葉厚朴具有典型的木蘭科特徵。

凹葉厚朴

凹葉厚朴是木蘭科植物，落葉喬木，高達15公尺，胸徑40公分。它是厚朴的亞種，與厚朴的主要區別是樹皮稍薄，葉較小而狹窄，呈狹倒卵形，頂端有明顯凹缺。生於海拔300～1200公尺的闊葉林中。樹皮與厚朴同作藥用。為國家三級保護漸危樹種。

水松

水松屬於杉科，是世界孑遺植物，中國特有樹種、國家二級保護稀有物種。除本種外，本屬的大部分種類在第四紀冰川期已經滅絕。水松是一種半常綠喬木，高可達25公尺，胸徑0.6～1.2公尺。樹皮褐灰白色，淺裂成長條片脫落。小枝有兩型：其中一型為多年生而冬季宿存，另一型為一年生而冬季脫落。葉異形，或線狀而扁

福建柏

福建柏是柏科植物，常綠喬木，高17～30公尺，胸徑1公尺。樹皮紫褐色、平滑。鱗葉在扁平的小枝上排成一平面，葉背具明顯的白色凹陷氣孔帶。福建柏雌雄同株，毬果近球形，隔年成熟。單種屬植物。生長於海拔100～1800公尺的溫濕山地林中。福建柏為國家二級保護稀有物種。

📖 **Travel Smart**

梅花山自然保護區

梅花山自然保護區是中國珍稀動植物保護區。1988年被劃為國家級自然保護區。位於閩西南地區武夷山脈南段與博平嶺之間的玳瑁山。梅花山海拔1777公尺，其中最高峰石門山海拔1823公尺。保護區以多珍稀動植物著稱。地處中亞熱帶和南亞熱帶過渡地區，地帶性植被是常綠闊葉林，以殼斗科、樟科為主。保護區內的長苞鐵杉、柳杉等針葉樹生長高大，並與闊葉樹混交，成為針闊葉混交林。保護區內珍稀樹種有紅豆杉、三尖杉、鐘萼木等。還有野生動物紅面猴、蘇門羚、靈貓、豪豬、穿山甲等。梅花山自然保護區是閩江、九龍江和汀江等的支流發源地，即三江流經之地。在連城南部龍崗一帶留有古閩江注入古汀江的遺蹟，這裡是研究福建水系演變不可多得的地區。

白鸛喜歡生活在開闊的淺水沼澤地區，通常在沼澤水域中覓食魚、昆蟲、蛙等。

平，或針狀而稍彎，或鱗片狀。花單性同株，或雌雄花同生於一枝上，或生於鄰接的枝上。毬果直立、頂生，呈卵形或長橢圓形。種子橢圓形稍扁，褐色，有翅。水松現零星分布於福建、江西、廣東等地。

白鸛

白鸛是鸛科鳥類，一種大型的涉禽，體羽潔白，頭與上頸皮膚裸露，呈黑色。背及頸的下部有灰色飾羽。嘴和腳很長，都為黑色，嘴長而下彎。多棲息於河湖岸邊沼澤地帶，以小魚等水生動物為食。中國境內的白　，在東北的北部繁殖，到廣東、福建一帶越冬，遷徙時旅經沿海各省。

凹葉厚樸的果實同樣具有典型的木蘭科特徵。

經濟

福建省瀕臨海洋，海運條件優越，自然資源種類較全，水力資源豐富，經濟發展較快。特別是近十幾年以來，福建的經濟發展迅速，一舉躍居中國前列。福建氣候條件良好，利於木材和毛竹的生長，現已成為木材、毛竹的生產基地。鄉鎮企業也在農村經濟發展中發揮了支柱作用。福建現已開通多條鐵路，公路運輸也很發達，還開闢了多條國內、國際航線，發達的交通為經濟的發展提供了不可估量的作用。福建還充分利用現有的風景名勝資源發展旅遊業。

福建的農業較發達，以糧食生產為主，也種植較多的經濟作物。圖為福州市閩侯縣大湖鄉高山反季節蔬菜基地。

農業

福建全省宜於種植水稻、甘蔗和各種亞熱帶、熱帶經濟作物和水果，是中國甘蔗、茶葉、水果的重要產區之一。全省約有耕地12365平方公里，其中80%左右為水田。沿海平原地區農作物多為一年三熟或兩年五熟。糧食作物以水稻為主；經濟作物主要有甘蔗、花生、油菜、黃紅麻、茶葉等。甘蔗主要分布於閩東南沿海，尤以仙遊縣產量為高。省內植茶歷史悠久，所產的「武夷岩茶」、「烏龍茶」、「白琳工夫茶」和「茉莉花茶」等品質獨特，堪稱珍品。福建山地廣闊，是中國東南沿海森林資源最豐富的省區。此外，沿海有閩東、閩中和閩南三大漁場，以閩東漁場產量最大。

工業

福建工業以輕工、小型為特點。輕工業集中於沿海城市，而重工業主要分布於

內地縣市。福建省利用農漁林礦資源發展起來的製糖、製茶、罐頭食品、造紙、森工、塑膠等工業在全國占有重要地位。重工業原有基礎較薄弱，經過50多年的發展，機械、電力、冶金、建材等已具有一定的規模。礦產資源豐富，鋼鐵冶金工業是福建主要的重工業。在手工業藝術品方面，八寶印泥、角梳、珠繡、竹編等，在國內外均享有盛譽。

交通

福建素有「閩道更比蜀道難」的說法。20世紀50年代後，福建的交通條件得到迅速改善。鷹廈鐵路和外福鐵路是福建省的運輸大動脈，二者共跨越22個縣市，並與浙贛鐵路相連。合福、杭廣、金溫等高速鐵路亦經過福建。公路運輸以福州為中心，廈門、漳州、泉州、南平、永安、龍岩為樞紐，形成市、縣、鄉、村相連的公路運輸網。閩江為省內最重要的內河航線，南平為河運中心。航空運輸已開闢福州、廈門兩市之間及其分別與上海、北京、廣州、西安、成都等市之間的航線。廈門國際機場闢有至新加坡等地的航線。

✈ 旅遊地理

福建省境內山地丘陵起伏，海灣島嶼羅列，自然景觀複雜多樣，蘊含著山川、海島、洞石、泉瀑、花木諸種神秀風光。自然風景千姿百態，尤其是怪洞奇石，更是堪稱一絕。東山風動石以巨石臨海，風吹人推搖搖欲墜，而又穩立海濱，被譽為「天下第一奇石」。福建還是中國文化發達的地區之一，素有「海濱鄒魯」之稱。悠久的歷史，積澱了豐厚的精神與物質文明財富，使福建的人文景觀旅遊資源更加豐富多彩，古港城堡、古塔長橋、寺廟觀堂、古建民居、摩崖碑刻、名人祠陵等，都具有自己的特色。

南普陀寺

南普陀寺在廈門市五老山下，是閩南著名古剎。南普陀寺以奉祀觀音為主，因為在佛教四大名山之一的浙江普陀山之南，故稱南普陀寺。寺始建於唐，已有1000多年的歷史，五代時稱泗洲寺，宋代改為普照寺，明初毀於大火中，清康熙年間靖海將軍施琅重建，改稱南普陀寺，為閩南佛教聖地。現存大雄寶殿、大悲殿、藏經閣等，均宏偉壯觀、各具特色。藏經閣內珍藏有緬甸玉佛、宋代古鐘、香爐、明代銅鑄八首二十四臂觀音、清代瓷製濟公活佛以及大量的佛典經書。寺內還藏有清乾

萬石岩漫山奇岩怪石，或如玉筍、翠屏，或如老翁，擬人、擬物神似形肖。

千年古剎南普陀寺背倚秀奇群峰，面臨碧澄海港，風景絕佳。主體建築大雄寶殿，綠瓦石柱，雕梁畫棟，集中體現了閩南古建築的傳統工藝。該寺還於1925年創辦了當時中國國內最早的佛教學府，即閩南佛學院。

隆御製碑，該碑上刻有關於台灣林爽文、莊大田起義的史料。

萬石岩

萬石岩在廈門市區東部的獅山北麓，由燕山早期黑雲母花崗岩組成。由於岩石節理發育，在海浪長期的沖刷、侵蝕作用下，形成各種形態的岩石地貌，致使山上奇峰怪石遍布，林木繁茂，登山沿途都是石頭，大小重疊，橫豎傾欹。主要的景點有「萬石朝天」、「中岩玉笏」、「太平石笑」、「天界醉仙」、「紫雲得路」和

唐代古建築萬石禪寺等。附近還有全國著名的廈門園林植物園。

南山寺

南山寺位於漳州市區南郊的丹霞山下，初建於唐開元年間，原名「延福禪寺」，也叫「南院」，原為陳邕的住宅，明代後改名「南山寺」。南山寺殿堂高大，主要建築有天王殿、大雄寶殿、淨業堂、藏經閣等。淨業堂在大雄寶殿右廂，原名石佛閣，內有一座唐代的花崗岩大石柱雕琢而成的大石佛。藏經閣內奉有一尊白

玉佛，高2公尺，重2000公斤，是清末妙蓮法師從緬甸帶回來的，為中國僅有的三尊玉佛之一，被稱為稀世之寶。

福建土樓

土樓是以土作牆而建造起來的集體住宅，其形狀有圓形、半圓形、橢圓形、方形、四角形、五角形、還有交椅形、簸箕形等，各具特色。其中以圓形的——也稱圓樓或圓寨，最為著名，也最引人注目。這種土樓分布於閩西和閩南客家人居住的地方，是客家人傳統的民居

福建土樓群。

福建土樓內院。

建築，體現著聚族而居的民俗風情。土樓的最大特點在於造型大，屬於集體住宅區。大型住宅有二至三圈，環環相套。土樓有著一般民宅所沒有的優點，因為土樓牆壁較厚，不易倒塌，既可防震、防潮、防盜，還能起到保溫隔熱作用，冬暖夏涼。土樓被譽為世界上獨一無二的神話般的山區建築。

洛陽橋

洛陽橋又名萬安橋，在泉州市區北郊的洛陽江入海處，始建於北宋皇五年（1053），由泉州郡守蔡襄主持興建。洛陽橋為舉世聞名的海港大石橋，原長1200公尺，寬5公尺，橋墩46座，橋欄柱500根，石獅28隻，石亭7座，石塔5座，規模宏偉，工藝卓越。橋建在江海交匯處，水闊浪急，工

洛陽橋首創「筏形基礎」以造橋墩。沿著橋的中軸線拋置大量石塊，形成一條連結江底的矮石堤，在上面建造筏形墩。橋下養殖大量牡蠣，把橋基涵和橋墩石膠合成牢固的整體。

程極為艱巨。先民採用筏形橋墩及養殖大量牡蠣固基，是中國乃至世界造橋史上的創舉，也是世界上把生物學應用於橋梁工程的先例。

清源山

清源山又名北山、泉山、齊雲山，位於泉州北郊，為泉州城北屏障，海拔498公尺，面積62平方公里。清源山右峰峻峭，中峰巍峨，左峰迤邐，層巒疊嶂，塹深洞幽，舊日以36洞天為其精華景物，如今老君岩、千手岩、彌陀岩尚保存原貌；巢雲岩、寒山岩、紫澤洞也存有遺蹟。這些岩洞，或妙景天成，或人工雕鑿而成，都各具特色，各臻其美。山上有奇岩怪石、澗水清泉、幽深洞壑，還有歷代所建寺宇宮觀和名人摩崖題刻多處。

開元寺

泉州城內西街的開元寺是一座千年古剎，是福建省最大的佛教建築之一，向來與北京廣濟寺、杭州靈隱寺、廈門的南普陀寺等齊名。開元寺始建於唐垂拱二年（686），初名桑蓮寺，後改為龍興寺，開元年間玄宗詔改為開元寺。開元寺建築講究對稱整齊，其建築藝術之美和雕刻之多，是其他同類寺廟所少有的。大雄寶殿是全寺的主體建築，全殿立有又粗又高的石柱100根，都是完整的巨石，故又稱百柱殿。大雄寶殿兩側大院中矗立兩座石塔，稱紫雲雙塔或東西塔，也被譽為「泉州雙塔」。塔身每層各面都有石刻佛像兩尊，每層16尊，全塔共有80尊，神態各異，是典型的宋代藝術風格。

安平橋

安平橋在泉州城南18公里晉江安海鎮西畔，橫跨晉江、南安二市交界的海灣。安海鎮又名安平鎮，安平橋因此得名。安平橋始建於南宋紹興八年（1138），於紹興二十一年（1151）建

古老的安平橋至今仍是兩鎮人民的交通要道。

成，歷時13年。安平橋是中古時代世界上最長的一座花崗岩和砂岩構築的連梁式石板橋，橋有336座橋墩。橋墩採用三種形式：一為長方形墩；二為一頭尖一頭平的半船形墩；三為雙頭尖的船形墩。橋面各段都用五至六條巨型石板鋪架。橋上建有五座「憩亭」，其中中亭（水心亭）為清代建築，周圍有歷代重修碑記16塊。亭外有石雕武士像等。西端橋亭有清嘉慶重修碑刻。橋兩旁水中有對稱鎮橋四方石塔四座，圓塔一座。橋頭白塔是五層六角空心建築，風貌古樸。其長度在中國古橋梁中首屈一指，約2.5公里，所以又稱「五里橋」。古時曾有「天下無橋長此橋」之稱。

金湖

　　金湖是金溪溪水被池潭電站大壩攔腰截斷形成的人工湖，全名金溪新湖，位於泰寧縣西南。金湖的湖水異常清澈，湖邊群峰競秀，山光水色融為一體，有巨石突兀的貓兒山，有壁立千尺的小赤壁，有一山獨秀的公子峰，也有兩山相依的情侶峰，其中尤以水上一線天最令人神往。金湖周圍還有甘露岩、醴泉岩、尚書墓等古蹟。這些名勝古蹟鑲嵌在碧水丹山之間，形成一個獨具一格的風景區。

開元寺大雄寶殿始建於唐，現存建築為明代遺物。大殿通高20公尺，保存了唐朝宏模巨制、巍峨壯觀的建築風格。

洛清源山太上老君石雕像高5.63公尺，寬8.1公尺，厚6.85公尺，是用山中一塊巨石雕刻而成，為山中宋代石雕的代表作之一。

華東 江西

🌐 行政區劃

　　江西簡稱贛，別稱豫章、江右，因唐代其境屬江南西道，故得名江西。位於中國東南部，長江中下游南岸，與安徽、湖北省相鄰；南依南嶺，與廣東省毗連；東傍武夷山，與福建、浙江省接壤；西負羅霄山脈與湖南省為鄰。地處北緯24°29'～30°05'、東經113°35'～118°29'之間。面積16.69萬平方公里。轄11個地級市、65個縣、11個縣級市。省會南昌市。

南昌市新貌。

南昌市

　　南昌市是江西省省會。位於省境中部偏北，贛江、撫河下游，瀕臨中國第一大淡水湖鄱陽湖，面積7402平方公里，轄6區3縣，人口522萬。西漢高祖六年（前201）立豫章郡置南昌縣，以南昌為郡治所，南昌之名始於此。市內主要河流有贛江、撫河，屬中亞熱帶濕潤氣候。市內工業主要有電力、航空、電子、化工等行業，農作物有水稻、棉花、油菜等。京九鐵路、浙贛鐵路縱橫境內，105、316、320國

道穿境而過。贛江水運經鄱陽湖北入長江。市內的名勝及紀念地有江南三大名樓之一的滕王閣，還有梅嶺等。

九江市

九江市是江西省轄市，全國歷史文化名城，長江中游南岸對外開放的重要港口。九江市位於江西省北部，西南鄰湖南省岳陽市，西北與湖北省黃岡市、咸寧市毗連，東北接安徽省安慶市、池州市。面積18823平方公里，轄7區7縣3縣級市。人口約有484萬。九江市秦屬九江郡（郡治安徽壽縣）。漢代灌嬰築城為建城之始。地勢西高東低，幕阜山延伸西北，廬山為其餘脈，九嶺山蜿蜒西南。市內水網交錯，主要河流有修水、潦河、博陽河，東部為鄱陽湖區。九江市屬中亞熱帶濕潤氣候。礦產有金、銅、鎢、錫、螢石等40餘種，其中金、銻、錫、螢石儲量居全省之冠。工業主要有紡織、機械等門類。農業主產稻穀、棉花，素有「贛北棉鄉」之稱，是全國商品糧、棉生產基地之一。京九鐵路貫通後，已成為與長江交匯的新的水陸交通樞紐。

景德鎮市

景德鎮是中國著名「瓷都」，歷史名城，江西省工業城市，位於贛東北昌江上游，皖贛鐵路線上。東晉於此設東平鎮。唐武德年間改為新平，別稱陶陽鎮。宋景德元年（1004）改稱景德鎮。市境丘陵起伏，擁有豐富瓷土，尤以質地優良的東港高嶺瓷土久負盛名，故又名高嶺土。景德鎮製陶業始於漢代。唐、宋時景德鎮陶瓷進入勃興發展時期，宋景德年間以「景德窯」而著稱。自南宋至元代，中原戰事頻繁，瓷工南遷，南北瓷工薈萃，景德鎮製瓷工藝日臻精湛，逐漸成為中國瓷都。明、清時景德鎮製瓷業進入鼎盛時期，居中國製瓷業中心地位，與廣東佛山鎮、湖北漢口鎮和河南朱仙鎮齊名，合稱中國四大名鎮。建國以後，製瓷業得到不斷的發展，並初步形成完整的陶瓷工業體系。全市有大中型瓷器廠20座，年生產瓷器約占全國的20%，品種達千餘種，產品遠銷世界百餘個國家和地區。市內有陶瓷研究所、陶瓷學院和陶瓷歷史博物館，保存及陳列著中國歷代陶瓷珍品，並有包括五代和宋、元、明、清各個時期的古窯址、古窯作坊等古陶瓷文化遺存。

景德鎮窯粉彩花果紋瓶。

景德鎮窯青花瑞獸紋盤。

👤 人口、民族

　　江西全省人口約為4592萬（2016年），人口密度平均為每平方公里275人，略高於全國的平均人口密度。以鄱陽湖南側的南昌、樟樹、撫州一帶人口最為稠密，平均每平方公里超過500人，邊緣山區則平均每平方公里還不足百人。江西是中國民族構成較單純省分，漢族占全省總人口的絕大多數，少數民族中以回族和畲族人口居多，有七八千人，另有滿、壯、苗、瑤、蒙古、侗等族。除回族多住在城市外，少數民族大多分散居住在贛東北和贛南山區，以務農為主。

🏛 歷史文化

　　江西省古有「吳頭、楚尾、粵戶、閩起，形勝之區」之稱，境內的文明史可上溯到1萬年前。春秋戰國時江西大部屬越，後歸楚；秦統一天下於此設九江郡；西漢初年，設豫章郡；至元代，始立江西行省。省內龍虎山、廬山分別為道教和佛教淨土宗的發源地。廬山五老峰下的白鹿洞書院是南宋理學泰斗朱熹的講學書院。南昌市的滕王閣號稱江南第一名樓。瓷都景德鎮的瓷器更是名垂天下，為中華一絕。近代的江西還是革命搖籃，八一南昌起義舊址、井岡山革命根據地都銘刻著江西的光榮歷史。江西不愧為「江南昌盛之地，文章節義之邦」。

陶淵明

　　陶淵明（365～427），名潛，字元亮，別號五柳先生，潯陽柴桑（今江西九江西南）人，為晉宋時期詩人、辭賦家、散文家。陶淵明少時遍讀《老子》、《莊子》和《六經》等書，後歷任江州祭酒、鎮州參軍、彭澤令等等官職，終因不滿官場黑暗，歸隱田園，一邊從事勞作，一邊創作詩歌。他的詩風平淡自然，代表作有〈歸去來辭〉、〈桃花源記〉等。

白鹿洞書院

　　白鹿洞書院建在廬山五老峰下的山谷中。唐貞元元年（785），洛陽人李渤、李涉兄弟隱居在此。因李渤喜養白鹿，故人們稱其居住過的山洞為白鹿洞。宋初將此洞擴為書院，與應天、石鼓、嶽麓並稱當時的四大書院。南宋淳熙六年（1179），朱熹為南康軍守，重建院宇，在此講學，並奏請賜額及御書，白鹿洞書院於是名聲大振。書院現存石碑百餘塊，刻有朱熹手製書院學規、歷次修建文記及名人書法等。

明人王仲山所繪的《陶淵明像》中的陶淵明神情淡逸，舒暢，灑脫。

文天祥

1256年，20歲的文天祥進士及第，為寧海軍節度使判官，後歷任刑部郎官，後歷知瑞、贛等州。1275年，聞元兵南下，文天祥在贛州組織義兵入衛臨安。次年，出任右丞相兼樞密使，至元營議和，他痛斥元朝統帥伯顏，被拘至鎮江。後脫逃，與陸秀夫等擁立益王趙於福州。1277年文天祥進兵江西，收復州縣多處。終因寡不敵眾，不久敗退廣東，次年12月，在五坡嶺（今廣東海豐北）被俘。後元世祖忽必烈勸降不成，於1283年1月將文天祥殺害於大都。他在大都獄中所作的〈正氣歌〉為世人傳誦。

客家方形圍屋

贛南的客家方形圍屋，被人稱為漢代「塢堡」活化石。這種客家人聚族而居的獨特建築現存450多座，散落在九連山北麓群山中。多背靠青山，面臨小河，自成一處。它們大都是方形，四角築有堅固的碉堡樓，外牆上分布有槍口炮眼。整個外形森嚴、雄偉、冷峻。方圍四周都是圍屋，一般是兩三層，也有四層的，為懸挑外廊結構。圍屋外牆多是由麻石、鵝卵石、青磚用糯米灌漿構成的堅固牆體，厚者有2公尺多。

🏔 地貌

江西省省界的輪廓略呈長方形，南北長約620公里，東西寬約490公里。東、西、南三面環山，由外及裡，從南而北，全省地勢漸次向鄱陽湖傾斜。在鄱陽湖平原東、西、南三面的外緣，是一片綿延不絕、層巒起伏的丘陵，構成邊境山與鄱陽湖平原之間廣闊的過渡地帶。整個鄱陽湖平原地勢低平，低丘、岡地相互交錯，地表主要覆蓋紅土及河流沖積物，湖濱地區還廣泛發育有湖田洲地。省內的六條主要山脈多分布在東、南、西三面的省境邊陲，構成了省際的天然界線和分水嶺。

龍虎山由紅色砂礫岩構成，形成了赤壁丹崖的「丹霞地貌」。明淨秀美的瀘溪河從山中流過，如一條玉帶由南向北地上清宮、龍虎山、仙水岩等景點串連於一線。10公里的山形水色，宛若仙境。

鄱陽湖平原

鄱陽湖平原與兩湖平原同為長江中下游的陷落低地，由長江和江西省內五大河流泥沙沉積而成，主要位於江西省北部和安徽省西南邊境。鄱陽湖平原北狹南寬，面積約2萬平方公里。整個鄱陽湖平原地勢低平，低丘、岡地相互交錯，大部分地區海拔在50公尺以下，相對起伏不過20公尺。地表主要覆蓋紅土及河流沖積物，紅土已被切割，略呈波狀起伏。湖濱地區還廣泛發育有湖田洲地。水網稠密，河灣港汊交織，湖泊星羅棋布。平原上稻田、菜畦、漁塘、蓮湖縱橫交錯，是江西省的糧倉和棉花、油料、生豬等農產品生產基地，也是江西省經濟、文化最發達的地區。

羅霄山脈

羅霄山脈是湘江、贛江及北江部分水系的分水嶺和發源地，位於湘贛兩省邊境。主要包括武功山、萬洋山、諸廣山等山地，總體呈南北走向，屬褶皺斷塊山。組成羅霄山脈的幾座小山嶺成東北—西南走向，其中最北端的九嶺山最高峰大湖塘海拔1794公尺。山區氣候溫暖濕潤，有大量熱帶植物分布，其中有南方鐵杉、紅豆杉等珍稀樹種。林區還棲

江西發育於第四紀紅黏土的紅壤，地質黏重，土層深厚，適宜農用；而發育於第三紀紅砂岩的紅壤，風化較弱，質輕體鬆，肥力較低，只適宜造林。

息著短尾猴、水鹿、林麝、華南虎、金錢豹等野生動物。由於山區經多期構造運動和岩漿活動，形成了豐富的礦產資源，如鎢礦、磁鐵礦等。羅霄山地水能蘊藏豐富，其間埡口有溝通鄰省之便。羅霄山脈中段，包括江西的井岡山、寧岡、永新、遂川、蓮花和湖南的茶陵、酃縣等縣的相鄰山區，是土地革命時期紅色政權的根據地，迄今仍保存有許多革命遺址和文物。

紅色丘陵（紅壤）

由於構成江西岩層的多為紅色岩系，所以江西一半以上的土地是紅色的土壤，故有「紅色丘陵」之稱。江西的丘陵海拔一般在100～300公尺之間，丘、谷相間，綿延不斷，猶如微波起伏的紅

色海洋。丘陵是江西紅壤的「大本營」，紅壤資源極其豐富，並兼具山區和平原特色，是綜合發展農林牧副漁的一塊寶地。

贛中南丘陵

贛中南以丘陵為主，多由紅色砂葉岩及部分千枚岩等較鬆軟岩石構成，經風化侵蝕，呈低緩渾圓狀，海拔一般200公尺，接近邊緣山地部分的高丘，海拔約300～500公尺；其相對高度除南部在100公尺以上外，一般僅50～80公尺。尤其是贛中丘陵地區，河谷寬展，起伏平緩。丘陵之間夾有盆地，多沿河作帶狀延伸，較大的有吉（安）泰（和）盆地、贛州盆地及于都、瑞金、興國、寧都、南豐、貴溪等盆地。

嶺中南丘陵水土條件優越，是優良的農業生產基地。

🐾 水系

江西省內天然水系發達，水網稠密，但各河水量季節變化較大，對航運略有影響。全省共有大小河流2400多條，除邊緣部分屬珠江流域、還有部分屬湘江流域直接注入長江外，其餘均發源於省內山地，彙聚成贛、撫、信、鄱、修五大河系，最後注入鄱陽湖，由湖口注入長江，在湖口以上，形成較為獨立完整的鄱陽湖水系。鄱陽湖是中國第一大淡水湖，連同其週邊一系列大小湖泊，是天然水產資源寶庫，對航運、灌溉、養殖和調節長江水位及湖區氣候均起重要作用。

鄱陽湖

鄱陽湖位於江西省北部、長江以南、廬山東側，面積3583平方公里，是中國最大淡水湖，也是中國第一大吞吐型季節性湖泊。納贛江、撫河、信江、鄱江和修水五河來水，調蓄後經湖口匯入長江。4月～9月為汛期，10月至翌年3月為枯水期。喜馬拉雅造山運動時，西側斷裂上升為廬山，東側陷落為鄱陽湖入江水道。鄱陽湖有眾多的魚類資源，湖泊邊的濕地上是許多珍禽和動物的棲息地。

贛江

贛江是長江中游主要支流之一，為鄱陽湖水系第一大河，也是江西第一大河流。從源頭桃江到南昌進入鄱陽湖，全長751公里，贛江以萬安、新幹為界，分為上游、中游、下游三段。萬安以上，山嶺縱橫，支流眾多，贛州以下，由於河流切割，灘多流急，有著名的萬安十八灘。萬安以下，贛江流經吉泰盆地，江面漸寬、水勢漸緩，東西兩岸均有較大支流匯入，主要有遂川江、蜀水、瀧江、恩江等。

Travel Smart

遂川江

遂川江單位面積水能理論蘊藏量在贛江各支流中是最大的。遂川江主要由南北兩支組成。北支開發條件較好，集水面積1138平方公里，總落差1385公尺，可進行六級開發。其中有中型電站三座，利用落差281公尺，保證出電力3.03萬千瓦，裝機容量11.75萬千瓦，年發電量3.21億千瓦時。6個梯級的主要優點是淹沒損失小，技術和經濟指標較好。

鄱陽湖水系東、南、西三面環山，中、北部有丘陵、平原，地勢南高、北低，沿邊緣向湖傾斜。湖內有眾多的魚類資源，捕魚是周圍居民收入的來源之一。

☁ 氣候

　　江西省屬中亞熱帶溫暖濕潤季風氣候，年均溫約16.3℃～19.5℃，氣溫自北向南遞增。全省夏季較長，南北差異很小，極端最高氣溫幾乎都在40℃以上，是長江中游最熱的地區之一。江西冬季較短，無霜期長，有利於發展以雙季稻為主的三熟制及喜溫的亞熱帶經濟林木。江西是中國多雨省區之一，地區分布上是南多北少，東多西少，山區多盆地少。

🌳 自然資源

　　江西省富饒美麗，廣袤的紅土地下埋藏著豐富的礦產資源。江西全省已發現有140多種礦產資源，有28種礦產儲量居全國前5位，其中銅、鎢、鉭、鈾、稀土被譽為江西的「五朵金花」。植物資源也同樣豐富，有珍稀樹種150多種，其中有110多種是中國的特有物種，有許多種類已瀕臨滅絕邊緣，如冷杉、連香樹、白豆杉、野生杜仲、樂東擬單性木蓮等。良好的生態環境為野生動物提供了棲息環境，珍稀的動物，如野生白鶴、鷺鳥、蟒、白豚等，在江西都有分布。

大余鎢礦。

穗花杉的枝葉。

鎢

　　江西素有「鎢都」之稱。江西省的鎢礦資源早已馳名中外，其分布遍及全省，礦區數量多，規模大，資源豐富。黑鎢儲量占全國第一位。江西省鎢礦床類型眾多，主要有：與岩漿作用有關的鎢礦床；與沉積改造或疊加作用有關的鎢礦床和與風化作用有關的鎢礦床三大類。江西的鎢礦主要分布在贛南崇義、大余、于都以及九連山、于山等地區。前幾年發現的修水縣香爐山鎢礦床，是目前江西省最大的鎢礦床，儲量已達超大型。

穗花杉

　　穗花杉是紅豆杉科植物，為常綠小喬木或灌木，高7～10公尺。葉線狀披針形，下面有兩條與綠色邊帶近等寬的粉白色氣孔帶。雌雄異株。雄球花交互對生成穗狀，雌球花單生於當年生枝的葉腋。假種皮鮮紅色。穗花杉分布於江西、湖北、湖南、四川、西藏、甘肅、廣西、廣東，生於海拔500～1400公尺處的陰濕溪谷旁或林內。屬國家三級保護漸危物種。

鵝掌楸

　　鵝掌楸也叫馬褂木，屬木蘭科，為落葉大喬木。高可達40公尺，胸徑1公尺以上。葉片馬褂形。花被黃綠色，近基部處有6～8條黃色

鵝掌楸。

條紋。第四紀冰川期以後鵝掌楸僅在中國和北美各存一種。中國種以葉形似鵝掌而得名。零星分布於長江流域以南的江西、湖北、湖南、安徽、浙江等地，生長於海拔900～1800公尺溫涼濕潤的山地闊葉林中，野生植株已不多見。屬國家二級保護稀有物種。

白鶴

白鶴又叫黑袖鶴、亞洲白鶴。白鶴全身羽色潔白，只有初級飛羽是黑色的，眼周、眼先和頭頂呈磚紅色，看上去顯得十分高雅。這種鶴不僅會跳熱情奔放的求偶舞，越冬時也會翩翩起舞，尤其是在風和日麗的天氣。白鶴棲息於開闊淺水的泥沼、沙灘地帶，尤其喜歡有水生植物的淺水沼澤。白鶴主要在鄱陽湖越冬。多集群活動。白鶴的壽命較長，但現存數量已不多，中國已將牠列為一級保護動物。

經濟

江西省境內礦產資源豐富，而且出產特有的燒瓷用土——高嶺土，在這些優越條件下，江西的冶金、電力、煤炭、有色冶金工業以及汽車工業較發達，瓷器業尤其發達，所生產的瓷器揚名國內外。省內的地貌多樣，光、熱、水條件良好，農、林、牧、副、漁全面發展，江西是全國重點的茶葉、淡水魚生產基地。此外，江西商業批發、零售貿易銷售點遍布城鄉，小商品貿易發達。

農業

江西省自然條件優越，農業自然資源豐富，境內鄱陽湖平原地區是中國重要的商品糧基地。江西還是華東地區木材和毛竹生產基地、中國淡水漁業重點省分之一。農業用地在全省土地總面積中約占65%。土地墾殖率平均約為14.3%，高於全國平均水準。江西省是中國以水稻為主的重要糧食產區之一。糧食作物播種面積占作物總播種面積60%～70%。其中稻穀總產量約占糧食總產量95%。現已在鄱陽湖畔和吉泰盆地建設一批商品糧基地縣。江西省種植的經濟作物種類多，有油菜籽、花生、芝麻、茶葉、油茶和甘蔗、棉花等。

工業

江西省內礦產資源豐富，因此帶動很多工業的發展，省內的冶金、電力、煤炭、化工、皮革和造紙工業都有很大發展。江西不僅是全國有色冶金工業的重要基地，汽車工業也得到很好的發展，江鈴汽車、上饒客車、萍鄉客車等汽車工業在全國較出名，產品在國內占有一定的市場。江西最重要的工業是景德鎮的瓷器業，製瓷工業歷史悠久，現已實現機械化，所出產的瓷器世界聞名。

交通

江西省的交通以鐵路和內河航運為主，但鐵路與內河航段多集中在北部。目

江西九江大橋。

前鐵路線主要有浙贛線、鷹廈線、向九（南潯）線、皖贛線以及1997年通車的京九線。鷹潭、向塘西站是鐵路交通樞紐。高鐵則有昌九城際、九景衢、贛龍、皖贛、昌深等多條線路。公路主要有縱貫全省的206國道和105國道，橫過省境的有323國道、319國道、316國道、320國道等六條幹線。南昌、鷹潭、萍鄉、贛州、瑞金為公路交通樞紐。內河航道有長江、贛江、鄱陽湖區和撫河、修水、信江的下游等。主要港口有贛江的南昌、樟樹、吉安、贛州，鄱陽湖的波陽，長江的九江等。民用航空發展較快，南昌、景德鎮、九江、贛州建有飛機場。其中以南昌—廣州線貨運量最大，南昌—贛州線客運最為繁忙。

Travel Smart

名茶婺綠

江西是中國著名江南茶區的組成部分，茶園以贛東北的上饒地區、景德鎮市及贛西北的修水流域最為集中。婺源所產「婺綠」是中國綠茶中的珍品，它以「色碧天然，香味濃郁，葉清厚潤」的特色馳名中外，在明清兩朝被列為貢品。婺綠種類繁多，大多為上等產品，著名的有茗眉、奇峰、天香雲翠等。婺綠茶園均在峰巒起伏的山區，那裡氣候溫和，土壤肥沃，適合婺綠的生長。

人多地少，尤其是在山地丘陵占多數的地區，開墾梯田是解決土地矛盾的最好辦法。圖為上堡梯田。

✈ 旅遊地理

江西富山水之勝,長江滾滾而過,江邊屹立著避暑勝地廬山。鄱陽湖、含鄱口、石鐘山、青原山等旅遊勝地遍布省內,贛粵交界處的大庾嶺梅花遍山,龍虎山、圭峰則以丹霞地貌奇觀而聞名。江西人傑地靈,書院遍布,有「文獻之邦」的美譽。廬山白鹿洞書院是「海內第一書院」,鉛山鵝湖書院、玉山懷玉書院等名播海內。江西有多處宗教聖地,如龍虎山的上清宮、天師府等道教聖地;佛教淨土宗發祥地廬山東林寺。南昌滕王閣是中國古代四大名樓之一。景德鎮則為中國「瓷都」。江西在中國現代革命史上占據重要地位,江西井岡山是全國聞名的革命勝地。

廬山

廬山位於江西省九江市南,雄峙於長江之濱、鄱陽湖畔,是一座變質岩斷塊山,山地拔地而起,主峰大漢陽峰海拔1473.4公尺。山勢雄奇,多危崖峭壁,清泉飛瀑,山中雲霧彌漫,氣候涼爽,是中國著名的避暑勝地。廬山名勝古蹟有200多處,如三疊泉、龍首崖、含鄱口、五老峰以及晉詩人陶淵明故居溫泉樓等。廬山不僅是聞名的風景名山,也是一座佛教名山,是中國佛教淨土宗的發源地。早在東晉、南朝時期,廬山的佛教就有了很大的發展,有三大名寺、五大叢林的說法,著名寺院有西林寺、東林寺、大林寺、海會寺、歸宗寺、開光寺、天地寺、龍泉寺、化成寺、棲賢寺等。廬山景區內森林蔥鬱,植被豐富,已建有廬山植物園和九江珍稀瀕危植物種質資源庫,1996年聯合國教科文組織將廬山確認為世界文化遺產,列入《世界遺產名錄》。

廬山常籠罩在煙雲迷霧中,諸峰忽隱忽現。站在廬山觀雲亭上,可欣賞到廬山雲霧漂渺、雲峰相襯的美景,彷彿置身於一片雲海中。

坐落於廬山北部山頂的小天池，清波泛碧，久旱不涸，久雨不溢。相傳，當年朱元璋和陳友諒大戰鄱陽湖時，曾屯兵廬山，飲馬於小天池。小天池西側凌空突出的懸崖上，建有天池亭，是暮觀晚霞，欣賞雲景的好地方。傍晚登亭，可欣賞落日西墜及彩雲朵朵、霞光萬丈的美景。

Travel Smart

廬山名稱的傳說

關於廬山名稱的傳說，主要有三種。一種是，在周初匡俗先生在廬山學道求仙，周天子屢次請他出山相助，匡俗都迴避潛入深山，後無影無蹤。人們就把匡俗求仙的地方稱為「神仙之廬」。另一種是周開王時期有一位方輔先生，同老子一道入山煉丹，二人「得道成仙」後只留下一座空廬。人們把這「人去廬存」的山稱為廬山。第三種仍是匡俗先生的故事，不過這回他成了西漢的越廬君。越廬君求仙學道的山就被稱為廬山。這三種傳說都和學道求仙有關，而廬山變幻無窮的雲霧，也增添了這些傳說的魅力。

廬山東谷含鄱嶺的含鄱口，海拔1211公尺，山勢高峻，怪石嶙峋，形凹如口，以「勢含鄱湖，氣吞長江」而得名。

井岡山森林密布,環境深幽。這裡曾是重要的革命根據地,如今,已成為著名的風景旅遊區。

井岡山

　　井岡山是1982年國務院公布的第一批國家重點風景名勝區之一,位於江西、湖南兩省邊境的羅霄山脈中段,是中國革命的搖籃。井岡山的風光具有雄、險、秀、奇、幽的特色。風景名勝區分為茨坪、龍潭、黃洋界、主峰、筆架山、桐山嶺、湘州、仙口八個景區;人文景觀包括大量的革命遺址和革命紀念建築物。當年毛澤東曾率領秋收起義隊伍挺進井岡山,創立中國第一個農村革命根據地,把星星之火燃遍全中國,因此,井岡山有「革命搖籃」之稱。井岡山的自然景觀則有峰巒、奇石、瀑布、石灰岩洞、溫泉、次原始森林和珍稀動植物、高山田園風光等;尤以雄險的山勢、碧清的溪流、深幽的峽谷、奇特的飛瀑、磅礡的雲海、瑰麗的日出、爛漫的杜鵑花蜚聲中外。

石鐘山

　　石鐘山坐落在湖口縣城南北兩端,南面的叫上石鐘山,北面的叫下石鐘山。宋代蘇軾日夜泛舟進行考察後寫下〈石鐘山記〉,更使石鐘山名噪天下。主要遊覽景區在下石鐘山。下石鐘山海拔57公尺,屹立在鄱陽湖匯入長江的交匯口,形勢峻拔峭絕。山間茂林修竹,樓閣掩映,江天一覽樓、大雄寶殿、鎖江亭、聽濤眺雨軒等40多個景點因勢構築。山上還闢有文物、書畫陳列館。蔥蘢的林木、豐富的文化遺跡,使這裡自古就是遊覽勝地。

五龍潭

五龍潭在茨坪北8000公尺處，是井岡山著名的風景區，以瀑布眾多、落差大而著稱。五福河水在不到2000公尺的流程中，五次飛越懸崖，形成五個形態各異的瀑布和深潭。第一個瀑布是青龍瀑，瀑布瀉入深潭，潭水晶瑩清澈，碧藍如玉，又稱碧玉潭。順山谷而下，依次有黃龍瀑—鎖龍潭、赤龍瀑—珍珠潭、黑龍瀑—擊鼓潭、白龍瀑—仙女潭。幾個瀑布成梯級分布，一瀑一潭。其中青龍潭的瀑布落差近70公尺，始寬6公尺，終

寬17公尺，是井岡山最壯觀的瀑布之一。白龍瀑景色最優美，從30公尺高的山頭落下，宛如一個裙裾輕飄的仙女。

滕王閣

滕王閣位於江西南昌市沿江路的贛江邊上，始建於初唐永徽四年（653），係唐太祖李淵第22子滕王李元嬰所建，故名滕王閣。滕王閣是南昌的驕傲，也是中國民族文化的象徵之一，它與黃鶴樓、岳陽樓合稱為「江南三大名樓」。滕王閣原高九丈（約30公尺），東西長八

鄱陽湖和長江交匯口上的石鐘山。

滕王閣今閣為1989年所建，這是滕王閣第29次重建。主閣參照宋畫《滕王閣》和宋代《營造法式》一書及古建築學家梁思成所繪的草圖而建。碧瓦重簷，畫棟彩柱，正門兩旁「落霞與孤鶩齊飛，秋水共長天一色」的巨聯為毛澤東手書。

丈六尺（約29公尺），有三層。唐代詩人韓愈曾說過：「愈少時，則聞江南多臨觀之美，而滕王閣獨為第一，有瑰偉絕特之稱。」明清以後又有「江西第一樓」之稱。歷史上滕王閣曾多次被毀於兵火，重修達29次。現今的滕王閣是1989年在贛江和撫河匯合處重建，距唐代原址近100公尺。新閣是仿宋建築，共9層，高57.5公尺。台基12公尺以上取「明三暗七」格式。面積1.3萬平方公尺，其高度、面積均為天下名樓之冠。滕王閣能有如此巨大的聲名，主要歸功於「初唐四傑」之一王勃那篇膾炙人口、傳誦千秋的〈秋日登洪府滕王閣餞別序〉。後又有王仲舒作記，王緒作賦，歷史上稱為「三王文章」。從此，序以閣而聞名，閣以序而著稱。

三清山

三清山又名少華山，位於江西省東北部玉山縣、德興市交界處。主峰玉京峰海拔1819.9公尺。因玉京、玉華、玉虛三峰峻拔，猶如道教三位最高尊神玉清、上清、太清列坐其巔，故名。三清山素有「江西第一仙峰」之稱，是中國南方道教勝地之一。晉朝方士葛洪曾在此山修道煉丹，至今仍存有遺址。三清山景區面積220多平方公里，中心景區70多平方公里，由6個景區組成。景區內景色綺麗，四季各異。春日杜鵑怒放，繁花似錦；夏季濃蔭蔽日，清新涼爽；金秋層林盡染，碩果飄香；隆冬冰雕玉砌，銀裝素裹。此外三清山有雲海、日出、晚霞、月夜，景色奇幻多變，富有神秘色彩。

白龍瀑落差達數十公尺，湍急的水流在錯落有致的岩石間猶如一條白龍。

Travel Smart

雙鐘山

在鄱陽湖入口處，屹立著兩座風景奇特的石山。兩山對峙，絕壁臨水而立，好像雙鐘倒扣一般，故叫「雙鐘山」。雙鐘山分上、下石鐘山，怪石嶙峋，風吹浪湧時，水石相擊，發出洪鐘似的聲音，迴旋在石穴之中。

三清山一向以獨特的景色著稱於世。

婺源古建築群

徽派建築的典範,「中國最美麗的鄉村」。

　　婺源古建築群位於上饒市婺源縣境內,是當今中國古建築保存最多、最完整的縣之一,被中外人士譽為「中國最美麗的鄉村」。村落民居具有典型的徽派特色,其中,沱川理坑官宅府第、鎮頭鎮遊山村、思口延村民居群等明清古建築群,風格獨特,造型典雅,有「古建築博物館」之稱。汪口俞氏宗祠氣勢雄偉,工藝精巧,被古建築專家譽為「藝術寶庫」。

　　婺源古村落,至今仍完好地保存著明清時代的村落民居建築數百處,其中有古祠堂113座、古府第28棟、古民宅36幢和古橋187座。村莊一般都選擇在前有流水、後靠青山的地方。踏進婺源,滿目青山綠水,松竹連綿。在藍天、青山、碧水之間處處可見小橋、流水、人家,與層層梯田、繚繞雲霧相映成趣,如詩如畫:「鬱鬱層巒夾岸青,春溪流水去無聲,煙波一棹知何處,斑鳩兩山相對鳴。」

　　走進古村落,到處都可見爬滿青藤的粉牆,長著青苔的黛瓦,飛簷斗角的精巧雕刻,剝落的雕梁畫棟和門楣。古村落的民居建築群,依山而建,面河而立。戶連戶,屋連屋,鱗次櫛比,灰瓦疊疊,白牆片片,黑白相間,布局緊湊而典雅。門前聽水響,窗外聞鳥啼。婺源民居中的石雕、木雕、磚雕等「三雕」,是中國古建築中的典範。不僅用材考究,做工精美,而且風格獨特,造型典雅,有著深厚的文化底蘊。

婺源古村落

婺源古建築細節處

中國國家地理：華北‧華東

作　　者	《中國國家地理》編輯委員會
發行人	林敬彬
主　　編	楊安瑜
編　　輯	吳瑞銀、游幼真
內頁編排	方皓承
封面設計	方皓承
協力編輯	陳于雯、丁顯維

出　　版	大旗出版社
發　　行	大都會文化事業有限公司
	11051 台北市信義區基隆路一段432號4樓之9
	讀者服務專線：(02) 27235216
	讀者服務傳真：(02) 27235220
	電子郵件信箱：metro@ms21.hinet.net
	網　　　址：www.metrobook.com.tw

郵政劃撥	14050529 大都會文化事業有限公司
出版日期	2018年01月修訂初版一刷
定　　價	380元

ＩＳＢＮ	978-986-95651-9-6
書　　號	Image-24

Metropolitan Culture Enterprise Co., Ltd.
4F-9, Double Hero Bldg., 432, Keelung Rd., Sec. 1,
Taipei 11051, Taiwan
Tel: +886-2-2723-5216　Fax: +886-2-2723-5220
E-mail: metro@ms21.hinet.net
Web-site: www.metrobook.com.tw

國家圖書館出版品預行編目(CIP)資料

中國國家地理：華北.華東〔全新黃金典藏版〕/ <<中國國家地理>>編
輯委員會編著. — 修訂初版. — 臺北市：大旗出版：大都會文化發行，
2018.01
224面；17 x 23公分. —（Image；24）
ISBN 978-986-95651-9-6(平裝)

1.中國地理 2.通俗作品

660　　　　　　　　　　　　　　　　106024356